実践
データマネジメント

[AI／BIの活用レベルを上げる]
[新しい基盤・組織・運用]

川上 明久 著

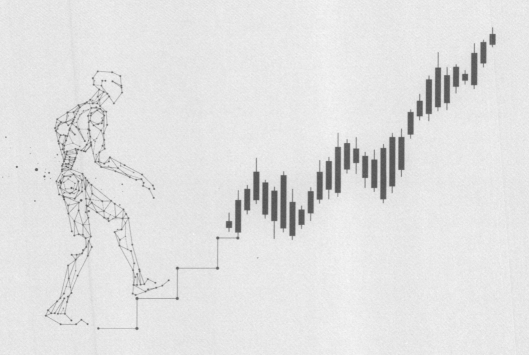

日経BP

はじめに

　本書の執筆に至ったのは、ビジネス変革におけるデータ活用のアジリティーを上げたいという問題意識からです。DX（デジタルトランスフォーメーション）の必要性を認識されながら成功例が十分には生まれておらず、過大な予算をかけてデータ基盤を構築しても活用できていない例を多く見てきました。

　筆者は、その要因の1つがデータマネジメントをスピード感を持って進めるノウハウが企業内に不足していることであると考え、データマネジメントの内製支援を主体とするコンサルティングを提供しています。本書はクラウドを利用してデータマネジメント業務を高速化してきた実績を基に、特にクラウドを活用した取り組みに焦点を当ててデータマネジメント業務を解説しています。

　クラウドに焦点を当てるのは2つ意図があります。

　1つは、クラウドがデータマネジメント業務の難度を下げてくれることです。データ活用によってビジネス変革を起こすには、自らデータ活用やデータマネジメントを理解して取り組む必要があります。とはいえ専門性が高く難解な業務も多いのが実情です。クラウドをうまく利用すると、データマネジメント業務の一部を簡易にでき、エンジニアではないビジネス人材も業務に参加できるようになります。内製化の実現性を高める手段としての利用価値があります。

　もう1つは効率化です。データを扱う業務はとかく工数がかかります。少子化とエンジニア不足、特にデータエンジニアの絶対数が不足していることから活用を進めにくいのが現状です。貴重な高スキル人材に価値ある業務を担ってもらい、限られた期間とコストでデータ活用の成果を挙げるために、クラウドによってデータマネジメント業務の生産性を高めることが有効です。

　本書は幅広い知識体系であるデータマネジメント業務を対象として限られた紙面で記載しているため、網羅性のある記述とはしていません。ビジネスで重要なデータマネジメント領域に、より多くの紙面を割くよう構成しています。データ

マネジメントの網羅的な知識は、本文で繰り返し参照する DMBOK（Data Management Body of Knowledge）2 などを合わせて読んで得ていただければと思います。

　本書は、一般企業でデータマネジメント業務を企画・管理・実行する担当者を主な対象読者として執筆していますが、データ活用による業務変革を企画・推進するに当たり、データマネジメントに関心を持つビジネスパーソンにも読んでいただける内容にしています。一般のビジネスパーソンもデータ活用に参加して成果を出すことが求められるようになりつつあり、関心の高まりを感じているからです。

　自らが担当するわけではなくても、データマネジメントについて理解が深まると、ビジネス領域でのデータ活用の企画・推進に役立ちます。ビジネス人材とエンジニアが、互いの領域についての理解が深まることがビジネス変革につながると確信しています。

　一般のビジネスパーソンにとっては本書の内容が専門的で難解に感じられる部分もあるかと思います。できるだけ理解していただけるように巻末に用語集を用意しました。IT パスポート試験程度の前提知識があれば、技術的な細部は分からなくても、データマネジメントで考えるべき原理原則、トレードオフの関係、重点的に管理するポイントなどを理解いただけるのではないかと考えています。

　サービス選択の参考になるよう、主要なパブリッククラウド、SaaS（ソフトウエア・アズ・ア・サービス）を中心として具体的なクラウドサービスを掲載していますが、アーキテクチャーやサービス選定を検討する上で参考になる情報に絞っています。

　一般企業でデータマネジメントに関わるエンジニアは、兼任だったり、専門職でない方が担当することが多いのが実情です。アジリティーを高めつつ段階的に予算と人的リソースをかけて成果を出すことが求められるデータ活用において、

本書は短時間でデータマネジメントを知ることができる内容となるよう心掛けました。

　筆者は多くの企業がデータを活用して付加価値を付けていくことに貢献したいと考えています。高速なデータマネジメントを実現して、データ活用で成果を出す参考になればこれ以上の喜びはありません。

株式会社 D.Force　代表取締役社長　川上 明久

CONTENTS

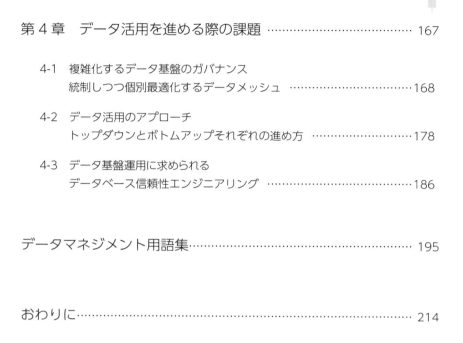

本書は「日経クロステック」および「日経コンピュータ」の連載「実践DX、クラウドで始めるデータマネジメント」を加筆・修正して再構成したものです。

第 1 章

データ活用のための人と組織

1-1

データ管理業務はクラウドと好相性 最新技術トレンドを賢く押さえる

データマネジメントにアジリティー（俊敏性）が求められるようになってきた。デー タ統合や分析基盤整備に時間をかけると、ビジネスの成果を得るまでに長い期間 を要してしまう。データマネジメントを素早く、かつ柔軟に実行するためにクラ ウドが適している。

　DX（デジタルトランスフォーメーション）の進展とともに、データマネジメン トにはアジリティー（俊敏性）が求められるようになってきました。各種調査に よると、データ活用の成熟度が高い企業ほど収益力が高いという結果が出ていま す。データ活用に成功した企業が登場すると、競合企業はそれよりも優位に立つ ために、より短期間でデータ活用の成果を出したいといったビジネスニーズが強 くなります。

　ただし、成果を出すまでにはデータの分析と仮説検証を繰り返す必要がありま す。データ分析のためのデータ統合や分析基盤の整備といったデータマネジメン トに時間をかけていては、成果が出るまでに長い時間を要してしまいます。デー タマネジメントをスピーディー、かつ柔軟に実行できることがデータ活用をより 早く成功させる必要条件なのです。

クラウドでマネジメントを効率化

　現在、データマネジメント業務を効率化できるクラウドサービスが続々と登場 しています。クラウドサービスの中でもデータマネジメントに関わる分野は進歩 のスピードが速い領域の1つです。データ活用の習熟度が高くない企業にとって は、コストや技術的な難度の高さから解決が困難だった課題を、新たなサービス を導入することによって解決できる可能性があります。

　既にデータマネジメントに本格的に取り組んでいる企業にとっても、ベストプラクティスが変わる可能性があります。クラウドサービスは今や、データマネジメント業務の生産性を高く保ち、スピード感をもってデータ活用を進めていくためには欠かせないツールになっているといえます。

サービス間の統合と連係

　クラウドでシステムを構築する場合は、単一の役割を持つサービスを複数組み合わせるのが一般的です。その組み合わせや各サービス間の連係は利用者が考えて実装するのが一般的でした。データマネジメント業務でいえば、各サービス間でのデータの受け渡しや、データにアクセスするサービスに向けて個別にアクセス権限を管理するといった作業です。

　しかしここ最近はサービス間でのデータ連係や、複数のサービスを俯瞰（ふかん）したデータの活用を実現するサービスや製品が出てきています。複数のサービスで構成するクラウドのシステムを、統合した1つのアーキテクチャーとして利用できるようになっています。

データ基盤技術の競争領域

　サービス間の統合や連係がデータ基盤における競争領域になっているのには必然性があります。データマネジメントはデータ基盤に関連するアクティビティーの多い業務だからです。データ活用が進めば進むほど、利用したいデータへのアクセス権限のリクエストや、新たなデータの統合、データ加工の要求などが出てきます。サービス間の連係や管理を個別に実行しようとすると、すぐに業務量が膨れ上がります。

　このような課題に対応する新しいサービスが急速に開発されています。それらを活用できるかどうかによってデータ活用のスピードやデータマネジメント業務の生産性は変わってきます。詳細については本書の以降で取り上げていきますが、今起こっている潮流のポイントを以下で紹介します。

成熟度が高いとデータ活用はスピーディーに
図　データマネジメントの成熟度の違いによるデータ活用の概要

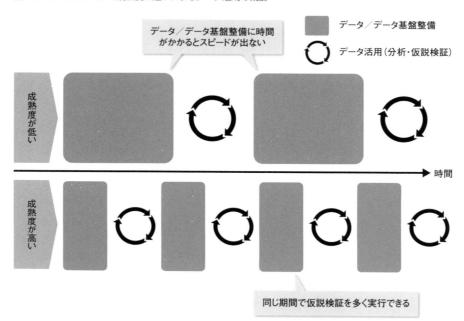

ETL レス

　データを活用する際は、データを保有している基盤とデータを活用する基盤との間でデータを連係して利用します。データ連係ツールを導入して処理を管理する、あるいは連係プログラムをつくるのが常識でした。現在はクラウドサービス間で対象データを指定すれば、自動的にデータを連係する仕組みが動作するようになっています。

　データの連係を意味する ETL（Extract・Transform・Load、抽出・変換・書き出し）の処理をなくすという意味で、「ETL レス」というコンセプトで実装されています。適用されるサービスの組み合わせはまだ少ないものの、クラウド事業者各社は ETL レスの実現に意欲的で、今後広がると考えられます。データ連係処理の作成や運用は手間のかかる作業であり、ETL レスを活用できればデー

タマネジメント業務の生産性を高められます。

データ仮想化

　ETL レスとは異なるアプローチで、別々の場所にあるデータを統合した形で分析できるようにするソリューションがデータ仮想化です。

　データ仮想化サービスを使うと、データの物理的な保存・保管場所を意識せずに各データを統合した形で SQL の実行や、データ分析ツールを使ったデータ分析ができます。データ仮想化サービスがそれぞれのデータソースに接続して、仮想的に統合した形で利用者に示し、データを操作させる仕組みです。データ連係処理を必要とせず、データ仮想化サービスを操作することで、すぐにデータ分析を始められる利点があります。

　データ仮想化サービスが特に役に立つのはデータ分析の初期段階です。データを見ながらアイデアを出したり、仮説立案をしたりするような探索型分析の用途にフィットしやすいサービスです。

統合管理サービス

　データのセキュリティーや権限を一元管理できるサービスが生まれています。このようなサービスを利用すると、様々なデータサービスに格納されているデータへのアクセス権限について、単一のコンソール画面で許可するか否かなどを設定できるようになります。

　これまでは各データサービスが個別に備える権限管理の仕組みを使わざるをえず、統一されていないバラバラの管理方法を採っていました。現状、対応するサービスは多くはありませんが、徐々に広がっている段階であり、いずれ広い範囲で権限管理が統合されていくと考えられます。

　権限以外にも、データアクセスのアクティビティーを監視するといったセキュリティー管理を統合したサービスも出ています。クラウドサービスとして提供されており、利用者がサービス間の連係やログ管理の仕組みをつくり込む必要があ

クラウドによって柔軟で迅速な対応が可能

図　クラウドの特徴とデータマネジメント業務での効果

クラウドの特徴	内容	データマネジメント業務での効果
拡張性	・自動的に容量や処理能力を拡張させることが可能	データ活用では領域や処理能力の拡張が発生しやすく、効果が大きい
変更のスピード	・変更が速い（動的、または数分程度で変更が完了する）	データ活用で短期間でデータ分析と仮説検証を繰り返す際に恩恵を受けやすい
コスト	・使った分だけコストを支払う（従量課金） ・ハードウエア資産をバランスシートから外せる	データ活用では、活用のテーマや分析手法が変わることがあり、撤退コストの影響を受けやすい。従量課金であるメリットが大きい
ハードウェア管理が不要	・データセンター、ハードウェアの管理をしなくてよくなる	他の業務システムと同様の効果がある
マネージドサービスがある	・OS、ミドルウエア層の運用管理作業の多くが不要になる	他の業務システムと同様の効果がある

りません。このようなクラウドサービスを使いこなせるかどうかも、データ運用の生産性とスピードに大きく影響します。

クラウドがフィットする理由

次にクラウドの基本的な利点がデータマネジメントになぜフィットするのかを説明します。

クラウドには短期間でデータ基盤を構築／変更できるスピード、必要な期間だけ利用できる撤退コストの低さ、様々なサービスを組み合わせられる柔軟性が備わっており、スピード感をもって取り組みたいというニーズにフィットしています。

クラウドがフィットするのはこういった基盤としての特性の他、近年ではデータマネジメントに利用できる低価格なサービスの拡充が著しいことが、より魅力を増す要因となっています。

こうしたクラウドの利点は多くの主要サービス、製品に取り入れられており、

その存在が当たり前になりつつあります。したがって、これから紹介するクラウドの基本的な特徴を生かせないようではデータ活用において劣後する可能性が高くなります。

拡張性

データ活用が成果を出し始めると、より多くのデータをデータ基盤に格納して、より多くの分析処理が実行されるようになります。領域や処理能力を拡張する頻度が通常の業務システムよりも多いため、高い拡張性を備えるクラウドの特徴が生かしやすい分野だといえます。

変更のスピード

クラウドでは拡張のために基盤構成を変える際、ハードウエアの調達期間やセットアップの作業をする期間が不要で、コンソール操作のみで変更できます。データ活用に支障を来さずアジリティーを確保できます。

コスト

利用をやめる際にかかるコストを「撤退コスト」といいます。撤退コストはハードウエアやソフトウエアを購入して、予定より早く利用をやめる場合などに発生します。データ活用においては、活用のテーマが変わったり、分析手法を変更したりする際に、利用するデータ基盤を別の基盤に切り替えるケースがあります。クラウドは従量課金で利用できるため長期間の固定費は発生せず、コストを最適化しやすいメリットがあります。

利用されるクラウドサービス

データマネジメント業務を軸にして、それぞれの業務に利用されるクラウドサービスをどのように活用していくとよいかについては本書の以降で詳細を説明します。ここではデータマネジメントによく利用されるクラウドサービスのカテゴリーと代表的なクラウドサービスを説明します。

データマネジメントは業務の幅が広く、関連するカテゴリーも複数あります。

これらのサービスと、管理系のサービスを組み合わせてデータマネジメント業務全体を効率よく実行するためのデータ基盤を構成します。

ストレージ

ストレージは最も基本となるサービスです。ファイル形式のデータを格納します。社内のデータを集約するデータレイクとしての利用や、ファイルの受け渡し場所としても使います。

データベース

データベースもストレージと並んで最も一般的に利用されます。業務システムのデータを定型化した形で格納しており、データ活用の際はデータソースとなります。データ形式や品質の管理、他のサービスへの連係などデータマネジメント業務が多く発生します。

データウエアハウス（DWH）

DWHはデータ分析専用のデータ基盤です。データ活用に直接関わることの多い重要なサービスです。クラウド事業者各社が独自サービスを提供しており、自社のニーズに合わせて選定することが重要です。

アナリティクス

アナリティクスはデータ分析をする担当者が画面を通してデータを分析、閲覧できるサービスです。アナリティクスも事業者各社の独自性が強く出る分野で、機能要求を満たしている使いやすいサービスを選びます。

データカタログ

データ活用を始める際、社内にどのようなデータがあるのか分からず、活用のアイデアを出しにくいことがあります。データカタログを使うことで、データそのものを説明する情報（メタデータ）を検索して、アイデアを出したり、仮説を立案したりといった取り組みがスムーズになります。

データカタログで初期のアイデア出しを進め、アナリティクスでアドホックに

データマネジメント業務を効率よく実行

表 データマネジメントに利用されるクラウドサービス

カテゴリー	内容	サービス例
ストレージ	パブリッククラウドでは容量無制限でデータを格納可能で、動的に拡張する。データ活用のために社内のデータを1カ所に集める考え方を「データレイク」と呼び、オブジェクトストレージが利用される	・Amazon S3 ・Azure Blob Storage
データベース	正規化、定型化されたデータを格納する基盤。業務システムで最もよく利用されるサービス。クラウドではOSとデータベース管理システムの両方をクラウドプロバイダーが管理する形態であるPaaS（Platform as a Service）を利用するのが一般的。データベース管理システムとしてはクラウドの登場以前から利用されていた製品が組み込まれているものが多い	・Amazon RDS ・Azure SQL ・Autonomous Database（Oracle Cloud）
データウエアハウス	データベースの1種で、大量のデータを分析する用途に特化したデータベースを、データウエアハウスと呼ぶ。クラウド事業者各社が独自性のあるサービスを提供している	・BigQuery（Google Cloud） ・Amazon Redshift ・Oracle Exadata Database Service
アナリティクス	データ分析を画面操作で実行して、ビジュアル化されたダッシュボードなどの形で結果を見られるサービス。各社の独自性が強いカテゴリーであり、使用感で好みが分かれやすい	・Amazon Athena ・Looker（Google Cloud） ・Azure Synapse Analytics
データカタログ	クラウド上にあるデータの情報を収集して、サービス間で共有することでデータ連係や利用がしやすくなる仕組み。データを活用する担当者が、社内にどのようなデータがあるかを検索して活用のアイデアを出すのにも使われる	・AWS Glue ・Amazon DataZone ・Microsoft Purview

分析しながら仮説立案し、仮説検証をするという流れが一般的です。この流れがスムーズになるようデータ基盤やデータを整備するのがデータマネジメント業務の大きな役割です。

▎1-2

円滑なDX推進に不可欠
データマネジメント組織をつくる

DXを円滑に進めるには、社内に分散・蓄積しているデータを統合する必要がある。
そうしたデータを活用できる状態にするための活動がデータマネジメントである。
組織間の調整や統制を担うデータマネジメント組織をつくるのが有効である。

　データを活用してDX（デジタルトランスフォーメーション）をスムーズに進めるには、社内各所に分散して蓄積されているデータを統合し、それらを活用できる状態にする必要があります。そのための活動がデータマネジメントです。データマネジメントは部署の垣根を超えた組織横断的な活動になります。部署間の調整や統制の機能を含めた専門組織として、データマネジメントのための組織をつくるのが有効です。

データマネジメント組織の意義

　データの統合は手間のかかる作業です。一般的にデータ活用の工数の8割前後を統合の作業が占めるといわれています。この工数はシステムごとに異なります。データ設計がバラバラの場合、その作業負荷は大きくなります。一方、データ設計が統一されていると小さくなります。

　縦割りの部署がそれぞれデータを管理すると業務の重複が生まれ非効率であり、部署間の調整に時間とコストがかかります。データマネジメント組織の役割の1つは、各部署などで異なっているデータ設計を統一することです。分散して蓄積されているデータを統合する際の作業もデータマネジメント組織が担当します。

　この他、データマネジメント組織はデータを利活用するための基盤の構築とデータの収集・保管・共有の仕組みづくりを担います。これらを統制するための規則やプロセスを定めて、品質やセキュリティーを保つ活動も担当します。

　データマネジメント組織はプロジェクトベースで立ち上げるのではなく、永続的な組織としてつくり、活動することが重要です。デジタル化の促進によって社内外でデータが新たに、続々と生み出されていきます。データを統合し、それらを利用できる状態に維持し続けるには、プロジェクトベースのような一過性の取り組みでは対応できません。

　前述したデータマネジメント組織の役割の1つであるデータ設計を統一する活動にはコストがかかります。ただし、それ以上にその後のデータ統合作業で発生するコストを削減でき、データ活用のスピードを上げる効果があります。この効果は、デジタル化が進み、社内業務のシステム化が進展し、データ活用の取り組みが本格化するほど大きくなります。

内製で進めるデータマネジメント

　データマネジメントを内製で進めることでDXの進展に迅速さ、アジリティーが得られます。ここでいう内製とは、データマネジメント業務やデータ、データ基盤のあるべき姿を自力で考え、管理統制できている状態を指します。以下に内製したほうがよい要因を挙げます。

（1）データ資産を管理するため

　全社のデータを俯瞰（ふかん）し、設計、収集、統合した後、分析に利用できるようにするには、データという資産に関してオーナーシップを持って判断する必要があります。外部ベンダーに、他社や類似した状況の経験値などを生かした助言をしてもらったり、オペレーショナルな業務を依頼したりするのは有益ですが、オーナーとして方針やアーキテクチャーを考える作業、管理統制する作業を受け持つことが求められます。

（2）変化への対応のため

　データの利用に対するニーズは変化しやすい側面があります。外部委託をすると業務内容の変化に対応するための契約条件の調整といった余計なリードタイムがかかる場面が出てきます。迅速に素早く対応するには内製が適しています。

データマネジメントでDXに貢献する

図　DXにおけるデータマネジメント組織の役割の概要

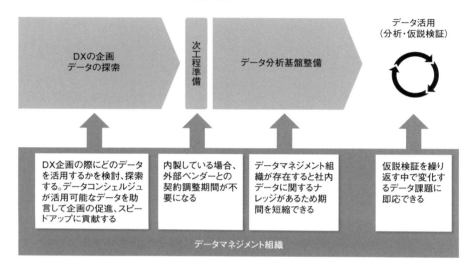

（3）円滑な社内調整のため

　データ活用を進める際は、活用の主体、データのオーナーとなる社内の他部署と関わることが必然的に多くなります。社外の人には対応が難しい作業です。

　データマネジメント組織には、担当する業務によって「マネジャー」「データエンジニア／データベースエンジニア」「データスチュワード」「データコンシェルジュ」といった役割を置きます。組織をつくる初期は兼任でスタートしても構いません。業務内容、スキルセット、フィットする人物像などについては2-2で解説します。

マネジメント組織の成果と責任

　データは「21世紀の石油」といわれますが、実際のところ社内に存在するデータの中で、活用して価値を生み出せるものは一部です。その他多くのデータは利用されることがほとんどなく、コストになるだけです。したがってデータマネジメント組織はすべてのデータに対して網羅的にマネジメントをする意味はなく、

メリハリを付けて業務にあたるべきです。

　経済的価値を生み出すデータマネジメント業務とは何か、どういった順序で始めると早く成果に結びつくか——。こうしたことを考え、実行するために、データマネジメント組織の主要なメンバーにはビジネスへの理解が不可欠です。

　データマネジメント組織のマネジャーと主要メンバーには、自社のビジネス環境、そして DX のテーマへの理解が必要です。DX に活用できる社内データはどれか、どのような外部データがあると DX が進む可能性があるかといったことが分かると、助言や社内コンサルティングができるようになり、データマネジメント組織の価値を高められます。

　データマネジメント組織の成果は間接的なものです。DX を推進する部門においてデータ活用のアジリティーを保ち、促進することで、DX 成功へのスピードと確度を上げることがデータマネジメント組織の成果になります。

　一方、データマネジメント組織が責任を持つべきだとして挙げられるのがセキュリティーと品質です。法規制、例えば個人情報を利用する際の匿名化といった対策や、アクセス権限の管理、さらには業界固有の規則への対応なども含まれます。品質を保つためには、クレンジングや統合、データ連係・活用基盤の可用性、性能対策にも取り組みます。

　品質については前述したようにメリハリを付けて対応します。特に DX の初期段階のデータ探索や PoC（概念実証）をする工程では、高い品質や完全性を求めるよりも、部分的であったとしても素早くデータを利用できるようにすることが求められます。DX の進展に合わせ、必要不可欠なシステムに成長するにつれて品質の成熟度を上げていきます。

　データマネジメント業務を体系化したフレームワークとして、DMBOK（Data Management Body of Knowledge）が挙げられます。DMBOK では 11 の

知識領域を示しています。その中で全体の統制をとるための活動としてデータガバナンスを位置付けています。DMBOK のそれぞれの業務内容については以降で解説していきます。

マネジメント組織と他部署の関係

データマネジメント業務には責任分界点をはっきりしにくいものがあります。例えば名寄せです。名寄せをする際、（1）各部署が利用するシステム側で名寄せをしやすいようにデータを生成するケース、（2）データマネジメント組織が管理する統合データ基盤上で実行するケースの両方があり得ます。

各部署が個別に利用しているシステムの場合、後から名寄せが必要となっても、ある部署のシステムがその要件を満たしていないケースがあります。これ自体はどこか特定の部署が悪いわけではないため、部署間でその責任の範囲を決めるのが困難です。そこでデータマネジメント組織に求められるのが調整機能です。

筆者の経験では、歴史が長く組織が縦割りの企業ほど他部署との関係構築に時間を要します。どちらがタスクとコストを負担するかで対立するリスクがあります。したがってデータマネジメント組織の立ち上げ時から調整機能は用意しておきます。共通の上部組織あるいはトップが予算や人員といったリソース配分と合わせて管理、調整します。ビジョンや価値観の共有が進んでいるスタートアップの場合はトップに頼らずともマネジメント層で調整可能な場合があります。組織構造に依存するため、自社に合ったマネジメントスタイルになるよう組織設計します。

マネジメント組織の対外的活動

対外的な活動として、データマネジメントの動向は注視します。住所コードや企業コードなどは政府が主導して標準化が進んでいます。ドメイン（事業領域）に特化した業界標準が存在するケースもあります。標準のデータセットと統合できるようにしておくと外部データが活用しやすくなります。社内のマスターデータの構造をどのようにするのかを検討する際の参考になるでしょう。

担当する業務に応じた役割がある

表 データマネジメント組織における役割

役割	担当業務概要
経営層	CIO、CDO など、データマネジメント組織の上位者であり、関連する他部署との関係を管理、統制する
マネジャー	データマネジメント組織の責任者として、業務とメンバーを管理する。他部門との折衝を担う
データエンジニア／データベースエンジニア	データとデータフロー、データ基盤の設計・構築・運用を担当する
データスチュワード	データの品質を保証する役割のほか、データ品質に関わる業務部門での業務改善にも対応する
データコンシェルジュ	データ活用する部門に対して活用の相談を受け、社内外のデータの紹介・提案、データ活用基盤の利用サポートなどのサービスを提供する

　現在、活用できる外部データが充実してきています。データソースによって次のように分類できます。

ファーストパーティーデータ
　自社で収集したデータです。自社の Web サイトや実店舗で入手した顧客情報などがこれに当たります。

セカンドパーティーデータ
　パートナー企業から得た外部データです。グループ企業や提携している企業から、本人の同意を得て提供される個人情報などです。

サードパーティーデータ
　自社やパートナー企業からではない、第三者から得たデータです。

　これらのうち、サードパーティーデータには消費者行動の分析に利用できるも

のなどがあります。社内データと掛け合わせて分析することで新たな知見、発見を得られる可能性があります。AI（人工知能）に学習させるためのデータセットを提供する企業も数多く存在します。経済動向、気象情報など、その他様々な種類・分野のデータが用意されています。

　情報収集には、業界内の事例収集、他社のデータマネジメント組織との情報交換、ベンダーへの情報提供依頼、ネット情報の検索などがあります。情報収集していることを自ら発信していると、情報が集まりやすくなります。

　外部データを収集、活用しやすくするようなクラウドサービスも充実してきています。クラウドを利用して情報収集や活用の生産性を上げられる可能性があります。具体的な内容は別の回で説明します。

クラウドサービスの活用

　クラウドサービスが出てきてから、事業部門が IT 部門を通さずデジタル施策に取り組む例が多くなりました。IT 部門の知らないところで新たなデータが生み出されているのです。こうした状況も、データを組織横断的に管理するためのデータマネジメント組織が必要となる背景にあります。

　同時に、クラウドサービスの登場はデータの統合を容易にする効果も生みます。データマネジメント組織のニーズを満たすような、データ管理と統制のためのサービスも登場しており、データマネジメント組織を置いたほうがデータマネジメント業務をより効率よく実行できるためです。

　データマネジメントに精通したエンジニアを十分な人数採用するのは難しいため、クラウドサービスを活用して労働生産性を高く保てるメリットは大きいといえます。生産性が上がり、やりがいのある業務を担えるようになると、エンジニアのモチベーションや定着率にもプラスに働きます。

データマネジメントを統制する活動がデータガバナンス

図 データマネジメントの体系

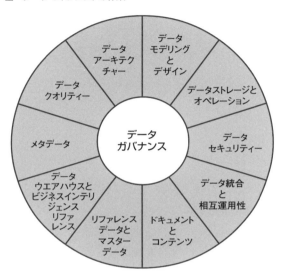

出所：DMBOK第2版（DMBOK2）

知識領域	内容
データガバナンス	データに関する組織、ルールを決め、データマネジメントが適切に機能するよう管理、統制する
データモデリングとデザイン	データ基盤に実装する業務データの論理モデル、物理モデルを設計する
データストレージとオペレーション	データ基盤の設計、実装、運用を担う
データセキュリティー	セキュリティー要件を満たすよう、データに対するリスク対策を実施する
データ統合と相互運用性	システム間で統合されたデータとなるよう連係する方式を設計、実装する
ドキュメントとコンテンツ	非構造化データを利活用できるよう管理する
リファレンスデータとマスターデータ	用語の定義などを統一された状態とし、マスターデータの品質が損なわれないよう維持・管理する
データウエアハウスとビジネスインテリジェンス	業務ニーズに合わせてデータウエアハウス、ビジネスインテリジェンスのシステムを導入する
メタデータ	データの定義に関する情報を管理、共有する仕組みを構築し、データの利用やガバナンスに活用できる状態にする
データクオリティー	データの品質を管理するための方式を設計し、品質の監視、調査、問題改善を担う
データアーキテクチャー	ビジネス戦略に沿ったあるべきデータのアーキテクチャーを設計する

▌1-3

事業部門とビジネス目標を共有 失敗しないデータマネジメント組織

データマネジメント組織には、業務変革を推進する事業部門とのビジネス目標の共有が不可欠である。デジタルトランスフォーメーション（DX）やIT戦略との整合性・関連性を強く持つ組織設計が重要になる。企業に応じたデータマネジメントの組織類型があり、組織内には担当業務に基づく役割を置く。

1-2でデータマネジメント業務を体系化したフレームワーク「DMBOK（Data Management　Body of Knowledge）」を紹介しました。DMBOKを参照することで、データマネジメント業務について抜け漏れなく把握できるとともに、組織活動の定義に利用できます。

データマネジメント組織の成熟度

このDMBOKの各領域ごとにデータマネジメント業務の成熟度を測定するフレームワークも存在します。代表的なのが米カーネギーメロン大学が設立したCMMI（Capability Maturity Model Integration）研究所作成のDMM（Data Management Maturity：データマネジメント成熟度モデル）です（CMMI研究所は2016年からISACA、Information Systems Audit　and Control Association傘下）。

データマネジメント業務の成熟度を体系化したフレームワークは研究機関やコンサルティング会社が独自に作成しており、業界標準はありません。DMMはその中でも多く参照されるフレームワークです。成熟度をレベル1から5に分け、「データガバナンス」「データモデリングとデザイン」といった領域がどのレベルにあるかを可視化できます。現在の成熟度を確認し、そこからさらにレベルアップする計画を立てるために使えます。

DX（デジタルトランスフォーメーション）を進めるためのデータマネジメントで重要なのは、DXの目標とリンクした成熟度目標を立てることです。目的はあくまでDXを進めてビジネスで成果を上げることです。

ただし、データマネジメント単独で成熟度を上げることや、データ基盤の導入自体を目標にしてしまい、成果が得られず失敗する例が後を絶ちません。実際に、データ分析基盤やBI（ビジネスインテリジェンス）ツールを導入しても、データ活用が進まない例が多々あります。例えば経営者向けにBIツールを導入した場合、経営層がどのようなデータが経営判断の役に立つかを理解していなければ、使われない可能性が高くなります。

失敗の原因の1つは組織構造にあります。データマネジメント組織はDXを推進する事業部門とビジネスの目標を共有する必要があり、DXを進めるためのデータマネジメント業務に集中できるような組織設計をすべきです。

データマネジメント組織の位置付け

DXやIT戦略との整合性、関連性を強く持たせられるようにデータマネジメント組織を設計します。そのための組織には次の類型が考えられます。

（1）DX推進、IT戦略を統括する部門内に設置する組織

DXを推進するためのデータマネジメント組織という位置付けになり、調整しやすいメリットがあります。組織を小さく始めて育てるスモールスタートにも向いています。

（2）管理職を共有した独立組織

データマネジメント組織をつくったうえで、DXを推進する事業部門と共通の管理職が統制します。どのレベルの管理職が担当するかは、企業の規模などによります。独立した組織にする場合は、後述する役割を組織内に置く必要があるため、人材をそろえる負担が大きくなる点がデメリットです。

データマネジメント業務の成熟度を測定

図　CMMI研究所が作成したDMM(データマネジメント成熟度モデル)の例

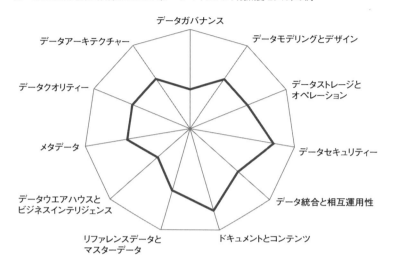

(3) バーチャル組織

　専任担当者を設けず、既存組織やメンバーが兼任して仮想的なデータマネジメントチームをつくる形態です。(1)と同様、スモールスタートに向き、部署間コミュニケーションを円滑にする効果があります。

データマネジメント組織の管理職

　データマネジメント組織の管理職には、2つの役割があります。データ活用によるDXで成果を上げる「攻め」の役割、そしてデータセキュリティーを確保してガバナンスを効かせる「守り」の役割です。データ活用による成果を強く求める場合は、ITの経験よりもビジネスセンスが重要です。実際にデータマネジメント組織の責任者にデータ分析などの活用側の経験者やマーケティング出身者をあてるケースは少なくありません。

　海外の企業では役職としてCDO(Chief Data Officer)を設けて、独立させるケースが見られますが、国内企業では現状まれです。企業としてのデータ戦略が確立

レベル分けして可視化する

表 データマネジメント成熟度のレベル分けの例

レベル	基準
レベル5	最適化されたレベル。 継続的にプロセスが改善されている
レベル4	定量的に測定されたレベル。 プロセスが定量的に測定されて管理されている
レベル3	定義されたレベル。 プロセスが組織で明文化されてプロアクティブに管理されている
レベル2	管理されたレベル。 プロセスがプロジェクトで明文化されて管理されている
レベル1	初期段階。 プロセスが定義されておらずほとんど管理されていない

しているか、もしくは確立を目指す場合には設置を検討します。CDO を置く場合は、その担当業務はデータマネジメントにとどまらず、ビジネス領域を含むデータ戦略を策定することが重視されます。

　データマネジメントと DX の成熟度を上げる目的の1つが、企業独自の強みを発揮できるデータ戦略の確立です。データ戦略を確立した状態にするまでには、少なくとも DX の仮説検証ができて有効性が実証できている必要があります。最初からデータ戦略を策定できる企業は多くありません。戦略につながり得るインサイトの発見、仮説立案を目標にして小さくデータマネジメントを始めます。

データマネジメント組織内の役割

　1-2 でも取り上げましたが、データマネジメント組織には、担当する業務によって「マネジャー」「データエンジニア／データベースエンジニア」「データスチュワード」「データコンシェルジュ」といった担当を置きます。職務内容によって外部の人材を活用できる可能性があり、組織設計をするうえでは外部人材の登用も選択肢になります。

　外部人材の活用には大きく2つの意義があります。1つは計画実行の実現性を高めることです。専門職の育成には時間がかかります。組織をスケジュール通り

DX戦略との整合性や関連性を持たせる

図　データマネジメント組織(部門内に設置、独立組織)の構成例

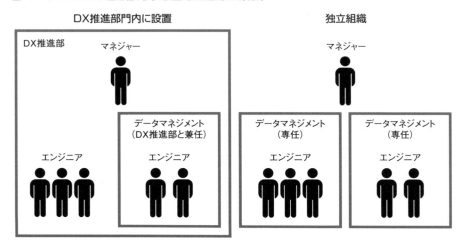

に立ち上げて成長させるためには、外部の経験者の力を借りるほうが有効です。

　もう1つは業務量の変動やノウハウの陳腐化へのリスクに対処することです。正社員のみで組織を構成すると、業務量が少なくなった際に人件費のコントロールが難しくなります。データ基盤に関わる技術には変化が大きい領域があり、社員が持つノウハウが陳腐化すると組織能力が落ちる危険があります。こうしたリスクが大きい業務は外部人材への委託割合を高めるなどを検討してもいいでしょう。

データコンシェルジュ

　データコンシェルジュは社内にどのようなデータがあるか、DXのテーマごとにどのようなデータ活用のソリューションがあるかなど、データ活用に関する相談窓口、または社内コンサルタントのような役割を担います。このような役割は、データカタログ(社内にどのようなデータがあるのかをビジネス用語で登録、検索できるシステム)で部分的には代替できます。

　しかしDXの推進当初のデータ活用や、データ基盤に慣れていない時期は、習

スモールスタートに向く

図　データマネジメント組織(バーチャル組織)の構成例

バーチャル組織

マネジャー

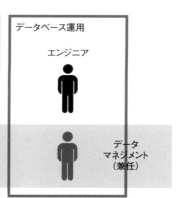

IT企画　　エンジニア

開発　　エンジニア

データベース運用　　エンジニア

データ
マネジメント
（兼任）

得すべき知識やノウハウが多く、サポートや助言なしにデータ活用を進めるのは困難です。データコンシェルジュは、データ活用におけるこうしたハードルを越え、DX 推進のスピードを上げる手助けをします。データコンシェルジュはビジネスやデータ活用の戦略を理解したうえでサポートすることになるため、外部人材のみに依存するのは得策ではありません。

データスチュワード

　データスチュワードは、データの品質を維持する活動を担います。データ基盤上でデータの不備・欠陥を発見、修復する作業に加えて、データの品質を落とす原因に対処します。データの発生源となる現場業務にも入り、間違ったデータが混入しない仕組みを整えます。具体的にはデータ入力の自動化、チェックの仕組みの作成などです。

　DX に取り組む際は、データカタログに登録するビジネス用語を収集・管理し、データのオーナーとなる事業部門をサポートします。データスチュワードも組織横断で業務にあたることが多い役割です。社員主体で業務にあたるのに向いています。

データエンジニア

　データエンジニアは、データそのものの設計やデータ連係処理の実装など、データスチュワードが担当する役割以外の、データに関わる業務を担います。デジタル化が進展すると業務量は増えることが予想されます。

　データを扱う業務は多くの工数がかかります。効率良く業務を実行できるように標準的なデータ設計、データ連係方式を定め、共通化・自動化を考慮します。データエンジニアには経験値が求められます。外部委託の割合を高くしてベストプラクティスを持ち込むのもよいでしょう。社内のデータ設計を標準化するといった統制の役割は社員で実行する必要があります。

データベースエンジニア

　データベースエンジニアはデータ基盤を構築、運用するインフラエンジニアの中で、データベースを専門とするエンジニアです。クラウドを前提とした場合、製品についての基盤レイヤーの知識（インストール、パラメーター設定など）、基盤運用の経験は重要性がやや落ちます。

　クラウドでは構築・運用の一部が自動化されており、デフォルト設定と自動運用で十分なケースが多々あります。実装方法を知らなくても運用できるようになっています。分かっていた方がより高品質に運用できますが、学習コストに対して効果が小さく、深い製品知識が必要な際は外部から調達するといった割り切りもできます。クラウドの中でも、自動化が一段と進んでいるサーバーレスのサービスを使えばデータベースエンジニアをさらに少なくできます。オペレーショナルな業務も徐々に自動化が進んでおり、社内に抱える意義は小さく、外部委託を検討しても問題ない役割でしょう。

役割によっては外部人材の活用も検討

表　データマネジメント組織での役割

役割	担当業務概要
経営層	CIO、CDO など、データマネジメント組織の上位者であり、関連する他部署との関係を管理、統制する
マネジャー	データマネジメント組織の責任者として、業務とメンバーを管理する。他部門との折衝を担う
データコンシェルジュ	データ活用する部門に対して活用の相談を受け、社内外のデータの紹介・提案、データ活用基盤の利用サポートなどのサービスを提供する
データスチュワード	データの品質を保証する役割。データ品質に関わる業務部門での業務改善にも対応する。データカタログのメタデータ管理も担当する
データエンジニア	データ設計、データ連携処理の実装、運用を担当する。　データ基盤の設計・構築・運用を担当する
データベースエンジニア	データ基盤の設計・構築・運用を担当する

　DXでデータ活用を進める初期にはデータの探索や調査、仮説のPoC（概念実証）をします。この段階ではデータコンシェルジュの存在が重要です。逆にデータが完全にそろっていることや品質が強く求められることはまれであり、データスチュワードやデータエンジニアの出番は少し先になります。データ活用を進めるスケジュールに合わせて、必要な人的リソースを追加するよう検討します。

1-4

AIがデータマネジメントに影響
変化に対応するスキルと人材育成

データマネジメントのためのスキルと人材育成を考えるうえで、変化への対応は
欠かせない。データマネジメントに利用している既存技術は AI（人工知能）に代
表される新たな技術の影響を受けやすい。この点を考慮して、データマネジメン
トに関わる職種について学習や人材育成を進める必要がある。

　データマネジメントのためのスキルと人材育成を考えるうえで、変化への対応
は欠かせません。データマネジメントに利用する技術には発展途上の領域がある
だけでなく、既存の領域でも生成系や自然言語処理の AI（人工知能）に代表さ
れる新技術の影響を受けやすいからです。1-4 ではデータマネジメントに関わる
職種における学習、人材育成について共通点に触れたうえで、各職種特有の内容
を解説します。

AIの進化が変える業務のやり方

　米オープン AI の ChatGPT を IT エンジニアの業務に活用する様々なアイデア
や事例を目にするようになりました。一般的には、コードの生成、リファクタリ
ング、テストといった下流の業務ほどインパクトが大きいといわれています。デー
タマネジメントの場合、AI はコードやデータの生成、データの変換や統合、メタ
データの生成と分類、インフラの構築およびテストといった業務と親和性が高く、
業務のやり方を大きく変える可能性があります。

　例として、ChatGPT を使いテストデータを作成する作業が挙げられます。最
小限の指示で、項目名から類推して適切なテストデータを作成できます。リレー
ションを保ちながら複数テーブルのテストデータも作成できます。データの間違
いやバイアスが入る可能性があるためチェックの必要はあるものの、人がゼロか
ら作業するより効率が高まるのが利点です。

　AIがデータマネジメントの各業務にどのように利用できるかについては、以降で紹介していきます。今後AIは目的別にファインチューニングされ、ツールやクラウドサービスに組み込まれていくと考えられます。筆者は、データを扱うことの多いデータエンジニアやデータスチュワードが業務に使うツール、サービス、方法論に特に影響を及ぼすと考えています。

　注意しなければならない点は、AIサービスに作業をさせる際、入力するデータによっては機密情報が流出するリスクがあることです。AIの回答は完全でない場合があるため人がチェックすることも欠かせません。

　セキュリティー面でAIをデータマネジメントに利用するルールを考えたり、人が補完しながら生産性と品質を高める方法を考えたりするにあたって、特にデータスチュワード、データエンジニアの役割が大きくなります。経験したことのない作業に取り組む場面があるため、データエンジニア、データスチュワードはコンピテンシー（個人の能力、行動特性）として変化への適応力を備えたうえで、スキルを習得する姿勢が欠かせません。

　新たな技術が活用できる場合は、業務のやり方、基盤構成をどのように変更するのがベストかを検討します。情報収集、技術評価・選定、業務プロセスの設計という上流の作業に対応できるスキルが、これまでよりも強く求められると考えています。

外部とつながり情報を集める

　こうしたスキルは、方法論や事例の情報を得たうえで経験を積むことで習得できます。ベンダーに属していれば、異なるプロジェクトにアサインされるなどして経験を積む機会を得られますが、一般企業に在籍するエンジニアの場合、自社内だけでは情報量や経験量の確保が困難です。意識的に外部とつながることが大切です。

　コミュニティーに参加して横のつながりをつくり、ノウハウや事例を共有する

インフラ構築やテストなどと親和性が高いコードやデータの生

表　AIによって影響を受ける可能性のあるデータマネジメント業務

業務	内容
コードの生成	・抽出したいデータを取得する SQL 文を作成 ・データ変換のコードを生成 ・「AWS CloufFormation」など、基盤を定義するコードやテンプレートを生成 ・人が書いたコードをリファクタリング
データの生成	・テストデータの生成
データの変換、統合	・データの名寄せ、クレンジング ・データフォーマットの変換
メタデータの生成、分類	・実データからメタデータ、タグの自動生成 ・メタデータの分類
インフラの構築、テスト	・構築手順作成、定義体作成 ・テスト項目作成

方法があります。企業内でデータマネジメントに取り組む際のノウハウ共有を目的とした団体に企業会員として参加すれば、ノウハウや事例情報を得られます。団体によって、CDO（チーフ・デジタル・オフィサー／チーフ・データ・オフィサー）、データ活用担当者、エンジニアのどの職種と親和性があるかが変わります。コミュニティー活動には相応の時間が取られますが、他では得られない生の情報に接することができます。

　個人でもかなり学習できるようになっています。他の領域同様、データマネジメントにおいてもオンライン学習教材や、個人で参加できる勉強会が多々あります。

　所属企業で許可されていればという条件はありますが、実務経験を積むには副業も有効です。本業とは異なる仕組みで業務を実行しているプロジェクトに関わることで、多くの学びと刺激が得られるでしょう。筆者の経験では、情報を発信すればするほど、価値あるノウハウを持った人とのつながりができ、貴重な情報やフィードバックを得られます。ブログなどで自ら情報を発信することもスキルの習得につながる手段となり得ます。

最小限の指示で項目名から類推して適切なデータを作成

図　生成AIでテストデータを作成する例

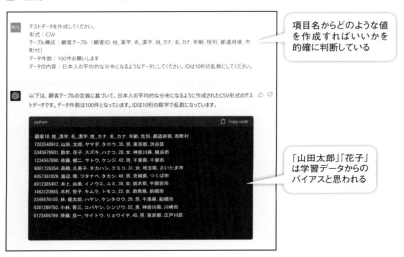

項目名からどのような値を作成すればいいかを的確に判断している

「山田太郎」「花子」は学習データからのバイアスと思われる

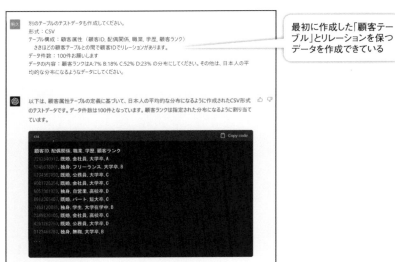

最初に作成した「顧客テーブル」とリレーションを保つデータを作成できている

役割ごとに異なるスキルセット

　データマネジメントに関わるデータコンシェルジュ、データスチュワード、デー
タエンジニア、データベースエンジニアについて、それぞれ必要なコンピテンシー
とスキルセットが存在します。スムーズな育成にはコンピテンシーが合うことが
重要です。ツールや
製品の利用ノウハウが成果に結びつきやすい職種と、業務ノウハウを重視したほ
うがよい職種があります。

データコンシェルジュ

　データコンシェルジュは、データを活用する担当者にどういったデータを利用
するのがよいかを助言し、スムーズなデータ活用をサポートする役割を担います。
社内コンサルタント的な役割でもあり、対人能力が求められます。データを活用
する側のことを理解して貢献しようとする「傾聴力・顧客志向」「良好な対人関
係の構築力」がコンピテンシーとなります。

　ナレッジについてもデータ活用の目的を理解するために、社内業務の知識が欠
かせません。ソリューションの知識も豊富なほうがいいでしょう。テクニカルス
キルとしては、データカタログなどデータ基盤関連の利用スキルが必要です。

　業務遂行に当たり、適性とモチベーションを持っていることが重要です。必ず
しも IT 部門の経験は必要ありません。ソリューションの知識とテクニカルスキ
ルを補うことを前提に、業務に通じてデータ利用経験豊富な社員に担当してもら
うこともできます。ソリューションの知識を得るには、データマネジメント関係
のコミュニティーへの参加が有効です。そうした場で情報収集するのが効率がい
いでしょう。

データスチュワード

　データスチュワードは、データ品質の保証、データカタログのメタデータの管
理を担当します。データ品質の保証には、社内業務と社内データに精通する必要

横のつながりをつくりノウハウや事例を共有

表　データマネジメント関係のコミュニティー

業務	内容
CDO Club Japan	CDO Club という組織の国内団体。最高デジタル責任者／最高データ責任者もしくは同等の役割を担っている担当者に参加資格がある。CDO の設置、DX 推進に向けたサポートやコンテンツを提供
日本データマネージメント・コンソーシアム（JDMC）	データ管理や仕組みづくりのために必要なガイドラインの提案や提言、データマネジメントの実践に向けた取り組みを行う。主な会員は一般企業のデータマネジメント担当者。研究会、カンファレンスなどが活発
DAMA 日本支部（データマネジメント協会 日本支部、DAMA Japan）	国際データマネジメント協会（Data Management Association International）の日本支部。データマネジメント知識体系ガイド（DMBOK）の提供やセミナーを実施。一般企業、ベンダーのエンジニア参加者が多くを占める

があります。データを扱うことへの慣れ、そして異常値がすぐ分かることが求められるため、「計数処理能力」がコンピテンシーに含まれます。

　データ品質を上げるためには、データの発生源となる事業部門との対策検討、データカタログに入れる「ビジネスメタデータ」をデータのオーナーとなる部門と作成・管理する作業が発生します。他部署とのコミュニケーションが不可欠なため、「良好な対人関係の構築力」も必要です。

　データコンシェルジュと同様、業務データを熟知した IT 部門以外の社員でも担当できます。データや数字に慣れていて、IT 利用スキルがあればテクニカルスキルは習得できます。

　データスチュワードは、新しいツールや方法の利用を検討して作業のプロセスを設計する主担当者と、ツールや AI で修正したデータが正しいかどうかをチェックする作業者で構成します。本書は主担当者を対象とした内容としています。保有スキルが古くならないように新技術の情報収集、評価・検証に一定の工数を割くようにします。作業者は、主担当者が決めたルールや手順に従って、決められたことを正確に実行することが求められます。

データエンジニア

　データエンジニアは、データ設計、データ連係処理の実装・運用を担当します。データ設計をするために、社内業務と社内データに精通している必要があります。データスチュワードに比べて他部署との関わりは小さく、テクニカルスキルに重きが置かれます。

　データモデリングのスキルも必要です。データモデリングは専門性が高く、対象業種や業務で多くの経験を得ることが不可欠です。独学で優れた設計をするのは難しく、有識者がいない場合は外部の専門家の支援を得て、モデリングの経験を積むといいでしょう。

データベースエンジニア

　データベースエンジニアは、データ基盤の設計・構築・運用を担当します。データ基盤は以前からある RDBMS（リレーショナルデータベース管理システム）、データウエアハウスに加えて、データレイクやデータカタログ、データ仮想化といった領域に広がっています。テクニカルスキルを多く習得しなければならない職種です。

　構築・運用には、個別製品の知識を豊富に持つ必要があります。データ基盤のトラブルに対応する場面もあります。そのため「学習能力・情報収集能力」「問題解決力」が求められます。

　RDBMS、データウエアハウスは書籍やオンラインの学習コンテンツで体系的に学べます。製品単位による一般的な構成での構築とオペレーションについては情報量が多く、理解しやすく、難度は高くありません。難しいのは個別要件が厳しい場合の最適化です。データ基盤全体でのアーキテクチャー設計も、データ利用者のニーズに関する見識と経験が必要となります。

　新しい技術領域の場合は整理された情報が少なく、情報収集と検証をして習得せざるを得ないケースがあります。経験者でない場合は、シニアよりも、技術ス

人材育成にはコンピテンシーが合っていることが重要

表　データマネジメントの職種ごとに必要なコンピテンシーとスキル

役割	担当業務概要	コンピテンシー	スキル、ナレッジ
データ コンシェルジュ	データ活用する担当者に、活用対象のデータを助言	良好な対人関係の構築力 傾聴力・顧客志向	・社内業務の知識 ・データ活用事例、 　ソリューションの知識 ・データカタログなど IT 利用スキル
データ スチュワード	データ品質の保証、データカタログのメタデータ管理を担当	良好な対人関係の構築力 計数処理能力 変化適応力	・社内業務の知識 ・社内データへの精通 ・データそのものの分析能力 ・データ管理ツール利用スキル
データ エンジニア	データ設計、データ連係処理の実装、運用を担当	計数処理能力 変化適応力	・社内業務の知識 ・社内データへの精通 ・データモデリングスキル ・データ連係ツール導入、 　利用スキル ・データ連係処理を実装する言語
データベース エンジニア	データ基盤の設計・構築・運用を担当	問題解決力 学習能力・情報収集能力 変化適応力	・データベース製品知識、 　構築運用スキル ・OS、ストレージの基礎知識

キルの習得が速い若手がフィットしやすい傾向があります。

キャリアアップに必要なこと

　ここで挙げたデータマネジメントのための各職種は、それぞれ異なるスキルセットが必要となる専門職です。各職種間に上下関係や包含関係があるわけではありません。キャリアアップの方向としては、専門職として専門性を高めることが基本になります。そのうえで、新しく出てくるツールやサービスと AI の影響を受けやすい分、それらを活用して生産性を上げられれば、評価を高められる可能性の高い職種だと考えられます。

　一般的に言われているように、データマネジメント業務も、AI に何を期待すると良い成果が得られるかについての理解が重要です。言い換えれば正しい問い

を立てられるかどうかが大事になります。この能力はスキルと経験に裏打ちされるものであり、スキルアップの努力は欠かせません。この点において AI はスキル差の拡大を加速させるツールになると考えられます。

　価値を上げる方法として、別のスキルを学び、複数の役割をこなせる人材になる方法もあります。データコンシェルジュを DX 推進のメンバーが兼任する、データコンシェルジュとデータスチュワードの両方を担えるようにする、といった例が挙げられます。

第2章

データ活用のための環境整備

2-1

データ統合の効果を高める
データレイクの特性と活用法を理解

データの活用をスムーズに進めるには、データの統合が必須条件となる。
データ統合の生産性を高めるために利用するのがデータレイクである。
データレイクを利用してデータを統合することで、データ連係を効率化できる。

　データ統合は、データ活用をスムーズに進めるために必須の作業です。関連性のあるデータからインサイトを導くには、データを統合した状態にして分析する必要があります。データ活用のたびにデータを収集して統合する作業を繰り返すのは非効率です。とはいえ、実際にはデータの管理がバラバラで、複数のシステムで似たようなデータ統合作業を重複して実行する例が多いのが実情です。社内のデータの多くが統合され、格納場所を用意していれば、利用者はデータ活用に集中できるようになり、生産性を上げられます。

　こうしたデータ統合は、データマネジメント業務を体系化したフレームワーク「DMBOK（Data Management Body of Knowledge）2」における「データ統合と相互運用性」の知識領域に該当します。データストア、アプリケーション、組織内および組織間でのデータの移動と統合に関連するプロセスを範囲とします。

　このデータ統合と相互運用性は旧バージョンのDMBOKには存在せず、新しく追加された領域です。増え続けるデータの連係効率を維持しつつ、データ活用に利用できるようにするのがデータ統合です。そして、物理的なデータ統合を実現するソリューションとして導入が広がっているのがデータレイクです。

データレイクに求められる特性

　データを1カ所に統合すると、データ連係の効率化につながります。デジタル化によってデータやシステムが増えると、データ連係の「パス」も増えます。「エ

データ連係を実装

図　ハブ・アンド・スポークとエンド・ツー・エンドのイメージ

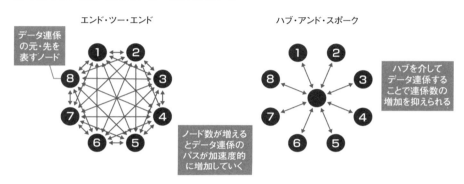

「ンド・ツー・エンド」で直接連係していては、パスの増加に追いつかず、コストが非常に大きくなります。「ハブ・アンド・スポーク」で連係することで、ハブを介すオーバーヘッドはかかるものの、効率を維持できます。

　ハブ・アンド・スポーク型でデータ統合するソリューションは「データハブ」といった名称でクラウド登場以前から存在しました。企業でよく見られる採用例がマスターデータ管理です。マスターデータを統合して一元管理するデータ基盤をつくり、変更データを定期的に社内システムに配信するものです。データレイクは次の点でデータハブのコンセプトと異なります。

データを継続して蓄積する

　データハブは、データ連係のインターフェースを一元管理し、データをやり取りするシステム間の相互運用性を高めることを主眼としています。統合データを保持しますが一時的なものです。データレイクではデータを蓄積し続けて一元管理します。オブジェクトストレージであり、構造化されていないデータの扱いにたけているという特徴もあります。

拡張性と低単価

　クラウドの登場で事実上無制限にデータの蓄積場所を拡張できるようになりま

した。データハブで利用される RDBMS（リレーショナルデータベース管理システム）などのライセンスが不要であり、低コストで利用できます。

データ活用に利用できる

　データレイクは構造化されていないデータを、他のデータ分析サービスから利用可能で、構造化に手間をかけずにアドホックな分析ができます。短期間で試行錯誤を繰り返すことができ、データ活用検討、PoC（概念実証）工程のスピードアップと低コスト化に効果があります。

　データレイクの機能を実装するには、パブリッククラウドの場合はオブジェクトストレージのサービスと管理系サービスを使います。オブジェクトストレージは米アマゾン・ウェブ・サービス（AWS）の「Amazon Simple Storage Service（S3）」が代表例で、他のクラウドでも S3 と互換性のあるサービスを利用します。どのパブリッククラウドでもデータレイクのアーキテクチャーは似ています。

　データレイクの一般的な定義は、様々なデータをそのままの形で一元的に蓄積できるストレージ、リポジトリーですが、定義よりも自社で効果を出す使い方をすることが重要です。

　データレイクには利用対象のデータを、利用したい粒度と形式で蓄積します。あくまでもデータ連係、活用の効率アップが目的です。連係しない、活用しないデータをデータレイクに入れても意味はありません（保管先として利用する場合は後述）。データや、データ活用するシステム数が多くなるほど効果があります。効果を出せるデータから段階的に蓄積して構いません。

データ活用でのデータレイク利用

　データレイクにデータを蓄積するだけでは活用は進みません。活用する担当者が安全に利用するにはセキュリティーとデータを探す仕組みが欠かせません。以下でクラウドで効率よく実施する方法と併せて説明します。

オブジェクトストレージサービスを利用して実装

図　データを統合して利用するデータレイクの構成例

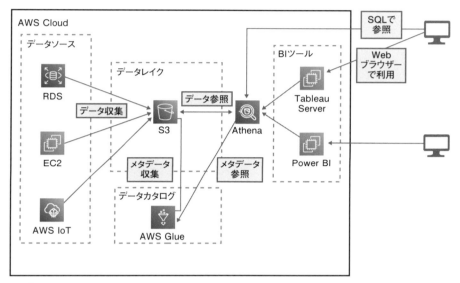

AWS：Amazon Web Services
RDS：Amazon Relational Database Service
EC2：Amazon Elastic Compute Cloud
S3：Amazon Simple Storage Service
Athena：Amazon Athena
BI：ビジネスインテリジェンス

アクセス権限とセキュリティー管理

　正当な権限のあるメンバーだけが正しくデータにアクセスできるように権限を管理します。オブジェクトストレージの領域を、アクセス権限のポリシーに従って分割します。

　AWSには「AWS Lake Formation」というデータレイクのデータを管理するサービスがあります。分割された領域単位で、利用者からの参照、更新、削除の操作を許可・拒否する設定ができます。一度Lake Formationでアクセス権限を設定すれば、データを利用するサービスである「Amazon Athena」「Amazon Redshift」「AWS Glue」といった他のサービスとの間でも権限管理を一元化できます。

メタデータの管理

　蓄積データの活用には、使いたいデータを探せる状態にしておくことが必要です。そのために必要なのがメタデータ管理です。メタデータとは、データの属性や説明の情報を指します。データレイクに格納したデータそれぞれについて、テクニカルメタデータ（ファイル名、ID、権限など）、ビジネスメタデータ（ビジネス用語での説明文、オーナー情報、タグなど）を管理して、検索できるようにします。テクニカルメタデータについては、クラウド事業者が自動収集サービスを提供しています。通常はユーザーが手動で設定することはほとんどありません。

　ビジネスメタデータを管理する仕組みをデータカタログと呼びます。データカタログについてはクラウド事業者が主要機能を備えたサービスを提供しているものの、自動的なタグ付けなどを効率化する機能は限定的です。米グーグルの「Data Catalog」に個人情報を自動で識別、タグ付けする機能があります。パブリッククラウドサービスではありませんが、米インフォマティカのデータカタログ製品は、既存データとの類似性などから自動的にタグ付けする機能を備えます。

　ビジネスメタデータについては、データのオーナーとデータスチュワードが記述、管理する運用が必要になります。将来はデータやドキュメントなどからAI（人工知能）が生成してくれるようになると期待されます。ただし、その場合でも内容が妥当かどうかを人がチェックする作業は不可欠です。一定の作業コストがかかり続けると考えたほうがよいでしょう。

データの統合処理

　ログなどの生データには正確さや完全性に欠けるデータが混じることがあります。他のデータと名寄せするなどして意味を持つデータもあります。統合済みデータは、前処理（フォーマット変換、不要データ削除など）、統合処理（名寄せ、クレンジングなど）を経て作成されます。

　データ利用にあたり、生データと前処理済みデータ、統合済みデータを分けて配置します。一般利用者は統合済みデータを使います。生データと前処理済みデー

オブジェクトストレージサービスを利用して実装

図　データを統合して利用するデータレイクの構成例

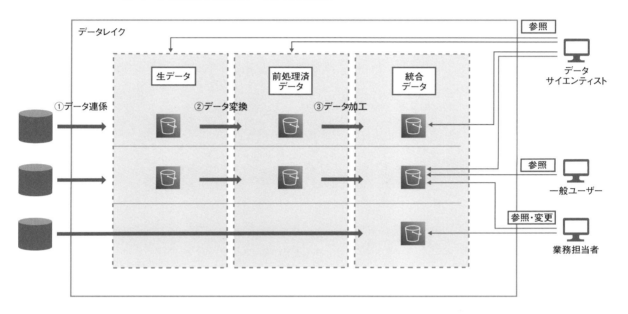

タは、統合に問題があった際に調査・修正できるようにするものでデータサイエンティストやエンジニアが使います。

管理統制

　不正なアクセスの有無、利用頻度などの確認作業が発生します。クラウド事業者はこのためのサービスを用意しておりアクセスログの収集、不正アクセスの検知を自動化できます。AWSを例に取ると、アクセスログはS3の特定領域に蓄積され、不正アクセスになり得る脅威はマネージド型の脅威検出サービス「Amazon GuardDuty」で検知、通知されます。いずれも簡単な設定で利用できます。ログの見方も難しいものではありません。

データレイク利用が適さないケース

　ここまで説明してきた課題や利用方法は、どの企業にも当てはまるわけではあ

りません。データレイクが有効でないケースもあります。

リアルタイム性の高いデータ連係

　データレイクにいったんファイルを出力してから他の基盤と連係するため、リアルタイム性のあるデータ連係には適していません。

　遅延が許容できない場合はデータレイクを介さず、データ基盤同士がエンド・ツー・エンドでデータ連係する必要があります。

他の方式で充足している場合

　前述したデータハブなどで不都合がない場合、無理にデータレイクに変更する必要はありません。

データ自体あるいはデータ連係が少ない

　データレイクの作成によるオーバーヘッドや運用作業の増加もあります。データ連係が少なく、データ基盤同士がエンド・ツー・エンドでデータ連係する負担が小さいようであれば、データレイクを作成するメリットは感じにくいでしょう。データが少なければ、既存のデータ基盤を利用して活用することも選択肢になり得ます。

データレイクのコスト管理

　オブジェクトストレージには、使わないデータが無駄に蓄積されることがあります。一部のデータを抽出・変更した派生データの格納が代表例です。類似したデータを重複して格納するとコストは上がります。不要データを削除する運用が可能な仕組みにします。派生データは個人用領域に格納し、一定期間を経過後に削除するといった運用が考えられます。オブジェクトストレージは保持期間を設定して自動削除する機能を備えます。うまく使うと管理を省力化し、コストを抑えられます。

　データの中には保管は必要であっても利用を想定しにくいものもあります。過去のログや、法律・業界ルールで保管が義務付けられた過去データなどです。オブジェクトストレージには冗長性や取り出しやすさで幾つかの選択肢がありま

す。アーカイブ用ストレージを選ぶと、取り出しに時間がかかるようになる代わ
りにコストは5分の1以下に抑えられます。アーカイブ領域への移行も自動化す
る設定が可能です。自動管理機能の利用がコスト管理実現のポイントになります。

2-2

データレイクハウスも登場
DWHとデータマネジメントの関係

データウエアハウス（DWH）は分析やリポートに利用する大規模データベースである。DWH導入にはデータ統合が不可欠であり、そのためのデータ連係作業に負荷がかかる。クラウド活用が進み、データ連係自体をなくすアーキテクチャーも登場している。

　ビジネスにおいてデータに基づいた意思決定をする──。こうした環境をつくるためのデータマネジメント業務が「DMBOK（Data Management Body of Knowledge）2」における「データウエアハウス（DWH）とビジネスインテリジェンス（BI）」です。

　DWHを利用して意思決定できる環境を構築するには、データの統合作業が不可欠となります。データ統合とDWHに関係する新しいアーキテクチャーのクラウドサービスも登場しています。以下ではDWHの特徴などに触れたうえで、クラウドにおけるDWHとデータマネジメント業務について説明します。

大規模DBであるDWH

　DWHは、異なるデータソースから集めたデータを一元的に保存し、分析やリポートのために利用する大規模なデータベース（DB）です。基盤にはリレーショナルデータベース（RDB）を用います。一般的な業務システムでもRDBを利用しますが、DWHで用いるRDBは以下の特徴を備えています。

列指向でのデータ格納

　大規模データの特定のカラム（列）を集計・分析に利用できるようにするため、カラム単位でデータを格納します。この仕組みを列指向と呼びます。列単位でデータを並べると同じ値が多くなる傾向があるため、高い圧縮率で格納できることに

なります。圧縮することでストレージ容量が節約できて、集計・分析が速くなる効果があります。

大規模データの参照処理に強いクラスター構成

大規模データの集計・分析を高いパフォーマンスで処理するため、複数ノードで並列処理できるようなクラスター構成をとれます。半面、軽量かつ大量のトランザクション処理や、更新処理は苦手です。

集計処理機能

集計・分析のための関数や機能を強化しています。多次元の分析をしたり、特定用途向けの集計済みデータを「データマート」に格納したりといった使い方ができます。

これらの特徴はDWH製品に共通したものであり、クラウド上のサービスになっても大きな違いはありません。

クラウドで進化するDWH

ここ数年で米アマゾン・ウェブ・サービスの「Amazon Redshift」、米マイクロソフトの「Azure Synapse Analytics」、米グーグルの「BigQuery」、米スノーフレークの「Snowflake」、米データブリックスの「Databricks」、米オラクルの「Autonomous Database for analytics and data warehousing（ADW）」など多くのDWHサービスが登場し、クラウドでDWHを構築するのが主流になっています。

DWHをクラウドに構築するメリットはコストです。主要なクラウドサービスの料金は従量課金です。DWHは「重い」分析をする一部の時間帯に特に大きくコンピューティングパワーを消費します。それ以外の時間帯の消費量は少なくなります。変動が大きいため、オンプレミスで構築した場合の固定費用に比べて従量課金の方がコストを大きく削減できます。データ量や利用者が増えた際の拡張も容易です。コスト面から、DWHはクラウドの利点を生かしやすい用途といえます。

データ統合の作業負担は大きくなりやすい

表　データウエアハウスでの主なデータマネジメント業務とクラウドでの効率化ポイント

業務	内容	クラウドでの効率化ポイント
データ統合	データソースからデータウエアハウスに継続的に連係、統合する。データ、データソースの増大によって負担が大きくなる傾向がある	アーキテクチャーをデータレイクハウスにする、または連係を自動化・不要にできる製品の組み合わせで負担増を抑える
プロビジョニング	利用するリソース、構成を決定、必要量の変化に応じて調整する。従来のクラウドでは利用者がプロビジョニングする必要があった	サーバーレスのサービスを選択して自動管理させることで大幅に負担を減らせる
コスト管理	プロビジョニングを自動化した場合、従量課金の料金が変動するためコスト管理の作業が新たに加わる	クラウドサービスで用意されている管理ビューなど、ユーザーやアクセス元などで集計して課金管理する　※この作業はクラウドで増える作業となる
性能管理	データウエアハウスでは大規模データの分析をするため処理に時間がかかりやすい。性能をモニタリングして、問題がある場合は最適化する	自動チューニング、自動拡張を利用できるサービスがあり対応工数を抑えることが可能
マート作成	定型的な集計結果を頻繁に参照するなど、元データを毎回集計すると時間がかかる場合に事前集計したデータを用意する	マートを作成せず、データウエアハウスのコンピューティングパワーを上げて集計処理を高速化する

統合のためのデータ連係を不要に

　DWH の導入・運用で発生するデータマネジメント業務にはどのようなものがあり、クラウドでどのように効率化できるのでしょうか。

　DWH で作業負担が大きくなりやすいのがデータ統合です。データ活用を進める際、分析したいデータや分析軸が広がることで、データを連係し、統合する作業が増えていきます。多様なデータを扱う組織では、データ連係をいかに効率化するかが検討のポイントになります。

　クラウドの世界では、これまでの常識を覆す新しいアーキテクチャーも登場しています。データ連係自体をなくす「データレイクハウス」です。データレイクハウスとは、データウエアハウスとデータレイクを融合させ、その長所を組み合わせたようなアーキテクチャーを採ります。ベンダーによってはレイクハウス、データプラットフォームなどと呼びます。概念や実現の度合いに違いはあるもの

データレイクとデータウエアハウス間でデータ連係

図 データレイクとデータウエアハウスを用いたデータ基盤構成例

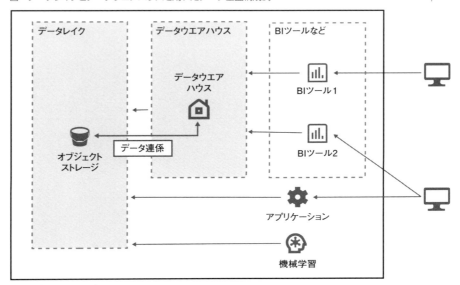

BI:ビジネスインテリジェンス

の、以下で主要製品に共通した特徴を説明します。

　通常、データレイクはデータをそのまま格納するストレージであり、DWH は
ストレージと処理をするコンピューティングを一体にしたうえでデータを格納し
ています。データレイクハウスは、データレイクのデータを直接 BI ツールなどか
ら利用できるような形態であり、ストレージとコンピューティングの機能を包含
しています。データ統合のためのデータ連係は不要で、統合したデータを BI や
機械学習などと共通して利用できる仕組みを備えています。

　データレイクハウスのコンピューティング部分は、処理に利用する際にだけ割
り当てられ、実行が終わると解放されます。利用するリソースを調整するプロセ
ス（プロビジョニング）はクラウドの内部で自動的に実行されます。利用者はコ
ンピューティングリソースの上限などを設定するだけでよく、プロビジョニング

データレイクハウスでデータ連係自体をなくす

図　データレイクハウスを用いたデータ基盤構成例

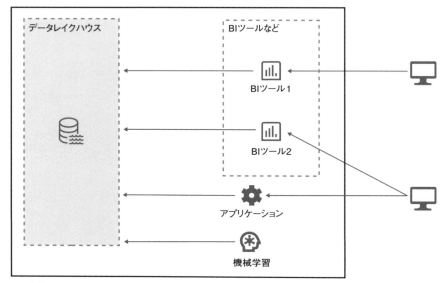

BI：ビジネスインテリジェンス

のための作業は発生しません。

　こうしたアーキテクチャーを採用することで、データ連係とプロビジョニングの工数を抑えられます。注意したいのはベンダーロックインに陥りやすいことです。製品によっては独自実装となっています。アーキテクチャーの一部をオープンな技術で代替するのが難しい場合があります。製品を選定する際は、機能の優劣だけで決めるのではなく、自社が DWH 領域のデータマネジメント業務で何を重視するかを検討してから、自社に適した製品を選ぶとよいでしょう。

　データレイクハウスとしての特徴を備えている製品の多くは、機械学習やアプリケーション実行などの機能を包含し、独自実装を進めている傾向があります。Databricks や Snowflake などが該当します。Amazon Redshift、BigQuery、Azure Synapse Analytics はよりオープンなサービスになります。

データ連係とプロビジョニングの工数を抑える

表　データレイクハウスとして利用できる、もしくは独自の効率化ができる主なクラウドサービス

クラウドサービス	内容
Databricks	最初にデータレイクハウスという概念を実装したサービス。サービス内に機械学習、Apache Spark、アプリケーション実行の機能を内包する。データレイクからデータウエアハウスへのデータ連係をせず利用できる。AWS、Azure、Google Cloud上で利用できる
Azure Synapse Analytics	サービス内に機械学習、Apache Spark、ETLなどの機能を内包する。データレイクからSynapse Analyticsにデータ連係して利用する。SQLデータベースからデータを自動連係する機能を備える
Amazon Redshift	データウエアハウス主体であり、機械学習の実行機能も追加されている。データレイクからRedshiftにデータ連係して利用する形態。S3からデータを自動連係する機能を備える
Autonomous Database for analytics and data warehousing（ADW）	OCIで提供されるサービス。データウエアハウス主体であり、機械学習の実行機能も追加されている。データレイクからデータ連係して利用する。データレイク上のオブジェクトを外部表として参照する機能や、自動チューニング機能を備える

AWS：Amazon Web Services　　Azure：Microsoft Azure　ETL：抽出、変換、ロード
S3：Amazon Simple Storage Service　　OCI：Oracle Cloud Infrastructure

　DWHへのデータの取り込みが必要な製品であっても、データ連係の負担を減らすために別のアプローチを採用するものもあります。例えばAmazon Redshiftの場合、オブジェクト単位でデータレイクからDWHにデータを自動連係する仕組みを備えています。オラクルのADWでは、データレイク上のオブジェクトを外部表として定義することで、表形式ではないデータでも直接参照できます。

クラウド特有のコスト管理

　プロビジョニングを自動で管理して従量課金にすると、DWHの利用料金は月ごとに変動します。社内の複数の事業部門やグループ会社で利用している場合などは、料金を各部門に案分して負担してもらうことになるでしょう。各部門がどの程度のリソースを使用したかをモニタリングし、そのボリュームによって案分するように管理します。クラウドならではの管理業務といえます。

　モニタリングの方法は製品によって異なります。ユーザーやアクセス元などで

クエリーをグループ化し、消費した合計コンピューティング時間の割合で課金管理するのが一般的です。利用部門側でも、料金の内訳を把握して、コストを無駄に発生させている使い方を抑えるなどの対策を検討したくなることがあります。料金の内訳のデータを整理したリポートと、コスト抑制方法を示唆する情報を提供するといった業務も発生します。

性能管理とマート作成

　DWH は大規模データを分析する用途で用いるため、処理時間が長くなりやすいといった特性があります。利用者を待たせることに伴うコストが発生します。そうならないように設計・運用など各工程で性能を維持できるような対策をします。性能管理はデータ統合と並び、工数が増えやすい業務です。

　設計工程では、主に「マート」の作成で解決できるかどうかを検討します。マート作成については後述します。運用工程ではモニタリングをして、最適化するような対策をとります。最適化はクラウド特有の方法も含めて複数のやり方があります。どの方法が有効かについては、利用する DWH 製品で最適化経験のあるエンジニアが見極める必要があります。製品によっては、自動チューニング機能を備えており、有効に設定すると改善するケースがあります。データモデルに問題がある場合は改善は望めません。

　クラウドによる自動拡張機能を利用する方法もあります。利用するコンピューティングパワーを変動できるため、短時間に多くのコンピューティングパワーをかけて大量データを効率よく処理するといったことが可能です。コストはかかりますが、工数やノウハウが限られる場合でも適用できる方法です。

　マートも処理高速化の手段の 1 つです。マートとは事前集計データのことで、定型的な集計結果を頻繁に参照する場合など、元データを毎回集計すると時間がかかる際に用意します。業務要件に応じてできるだけ汎用的に利用できるよう作成します。

　マート作成は、コンピューティングパワーで高速化する方法とは異なり、工数とクラウド利用料金とのトレードオフの関係になります。実行時間、コストを鑑みて有利な方を選択するとよいでしょう。

2-3

データ活用進展で膨大かつ多様に
収集も担うデータマネジメント組織

AI（人工知能）の進歩などによって企業が新たに収集するデータが増えてきた。
ストリーミングデータなど、従来のシステムが生み出すデータに比べて量が膨大
になる。データの種類も多様になり、データマネジメント組織はデータ収集でも
一定の役割を担う。

　データ分析手法や AI（人工知能）の進歩によって、以前は収集される機会が
少なかったデータが新たに収集されるようになりつつあります。例えば EC（電
子商取引）サイトにおけるユーザーの「マウスの動き」です。購入意欲や迷いといっ
たユーザーの心理がマウスの動きから分かることが知られています。通常の Web
アクセスログでは取得していなかったデータを新たに取得することで、顧客につ
いてこれまで以上に深く理解し、サイトの改善に生かせるようになります。

　自社データとの連係で新たな価値を生み出す外部データの活用も注目されてい
ます。意思決定の質を高めるには、市場や顧客に関する新たなデータの活用がカ
ギになります。

　データは発生源によって3種類に分けられます。自社で集める「ファーストパー
ティーデータ」、ビジネスパートナーが提供する「セカンドパーティーデータ」、
第三者から入手する「サードパーティーデータ」です。これらは従来の業務シス
テムが生み出すデータに比べて量が増える傾向があります。収集の実装方式にも
工夫が求められます。以下では DX（デジタルトランスフォーメーション）に伴っ
て収集されるデータの特徴と、データ収集基盤やその方式を解説します。

データの再利用、共有に関わる

　データの収集は主にシステムのオーナーとなる事業部門の役割でしたが、DX

収集するデータが多様に

図　データの発生源による収集経路と分類

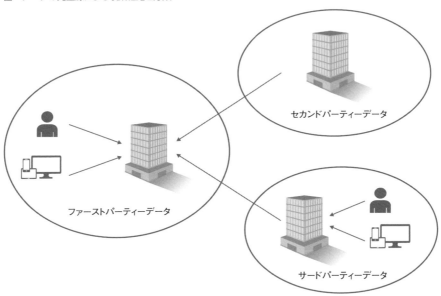

が進展してデータの種類が多様化するにつれてデータマネジメント組織が深く関わるようになっています。データマネジメント組織がデータを収集する意義として次の3つ挙げられます。

　1つは「再利用」です。社内で共通利用する住所や企業情報といったデータには有用な外部データが存在します。各システムや事業部門が重複してデータを収集する無駄を発生させないように、共通データを再利用できる形で収集し、蓄積する担当部署として最適なのがデータマネジメント組織です。

　2つめは「知識」です。活用できるデータに関する知識をデータの利用者が持っているとは限りません。データマネジメント組織が既存の社内データや外部データを調査、把握し、活用のテーマに合わせて助言や収集のサポートができると、データ活用を促進できます。これは1-3で解説したデータコンシェルジュの業務

になります。

　3 つめが「共有」です。例えば欧州では企業間でデータを共有・連係するための「GAIA-X（ガイアエックス）」という枠組みがつくられています。自動車業界ではデータ流通プラットフォーム「Catena-X（カテナエックス）」の立ち上げが進んでいます。競争領域ではなく、協調領域については企業間でデータを共有して、品質と生産性を高めるといった動きの一環です。有力企業であればプラットフォームのルールづくりから関わり、そうでない場合でも自社のデータ戦略に生かす対策を取りたいものです。データマネジメント組織には外部企業や団体との間でデータ取得・提供の調整と実行を担う役割が求められます。

ストリーミングデータを収集

　前述のファーストパーティーデータとして、スマートフォンアプリや Web ブラウザーから取得するログデータが挙げられます。この場合、多数のデバイスから小さなデータを高頻度で集めることになり、Web アクセスに応じてスパイク型のシステム負荷が発生します。このようなデータを「ストリーミングデータ」と呼びます。データ量が多く、活用してみなければ利益につながるかどうか分からない側面があるため、コストを抑えた収集が望まれます。

　ストリーミングデータの収集・処理・蓄積にどう対応するかはアプリケーション開発の課題であり、データマネジメントの課題でもあります。ストリーミングデータの収集には「データが抜ける」「データベース性能が落ちる」といった問題につながりやすい側面があります。通常の業務システムで利用するリレーショナルデータベース（RDB）は高頻度の書き込みに弱いためです。

　ファーストパーティーデータの対象として、スマホ、センサー、IoT（インターネット・オブ・シングズ）機器などからデータを収集する場合、こうした事態に直面します。そこで活用したいのがクラウドサービスです。こうした課題に対処するのにクラウドは向いており、ストリーミングデータの収集から蓄積までを低コストで実現するサービスが用意されています。

ストリーミングデータを蓄積
図　高頻度なデータ収集を受ける基盤の構築例

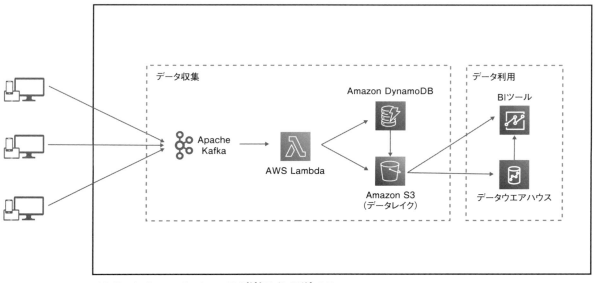

S3：Simple Storage Service　　BI：ビジネスインテリジェンス

高頻度データの収集・蓄積

　高頻度データを収集する基盤を構築する場合、ストリーミングデータについては、データのフォーマット変換、不要データの除去などの簡易な前処理をしてからデータストアに蓄積し、最後に活用のための分析基盤に格納するのが一般的です。処理は軽量・シンプルであり、高頻度なデータを漏れなくさばききることに難しさがあります。

　ストリーミングデータの収集基盤は、データの受け口、データの前処理実行、データ蓄積といった3つの役割で構成します。どの役割も非常に高い頻度でデータを受信、処理、蓄積できる拡張性を持ちながら、データの処理頻度が低いときは従量課金でコストが安くなる特徴を備える基盤が適しています。こうした処理に適したサービスがクラウドで提供されています。

　選択肢としてクラウド事業者独自のサービス、オープンソースソフトウエア（OSS）をベースとしたサービスがあります。クラウド事業者独自のサービスの場合、他のサービスとの連係がサポートされており、開発・運用の生産性を高くしやすい特徴があります。半面、独自機能の利用にはベンダーロックインに陥る危険性があります。

KinesisやKafkaを活用

　クラウド事業者の独自サービスとしては、「Amazon Kinesis Data Streams（Kinesis）」が挙げられます。米アマゾン・ウェブ・サービス（AWS）のサーバーレスのストリーミングデータサービスです。処理能力を自動拡張・縮小するオンデマンドモードの場合、最大毎秒 200 メガバイト、毎秒 20 万レコードまで受信できます。

　Kinesis はマネージドサービスであり、基盤のリソースを必要量に応じて増減するプロビジョニングも自動化されています。運用負荷を小さくできる利点があります。受信したデータにはシーケンス番号という一意の番号が振られて識別できるようになっており、受信の順序を意識する処理に利用できます。ストリーミングデータを一時的に取得する基盤のためデータ保持期間が定められています。標準では 7 日間ですが、365 日間まで延長可能です。

　Kinesis に一時的に蓄積したデータは、他のサービスやアプリケーションによって処理したり、永続化したりします。この際、データ受信をトリガーとしてイベント駆動で処理が実行されると便利です。AWS では、軽量なアプリケーションコードを関数と呼ぶ単位で登録して実行させるサービス「AWS Lambda」によるイベント駆動に対応しています。Lambda で処理を実行し、永続化するデータをデータレイクに蓄積するという流れになります。

　Lambda から直接データレイクに蓄積すると、オブジェクト数が増えすぎるなど不都合が発生する場合があります。そのためシンプルかつ高頻度のデータ書き込みに強い NoSQL 系のデータベースやログ管理サービスを利用することがあります。

Lambda のようにイベント駆動に対応していない場合、データを取得するアプリケーションが動作する処理基盤を独自に設計・運用しなければなりません。高頻度データに対応するには、並列度を伸縮できるような設計・運用ノウハウが必要となりコストが上がります。Kinesis と Lambda を利用することで、基盤設計・運用の複雑さから解放され、新たなデータを収集しやすくするメリットがあります。

　こうした実装方式に早くから対応して実績を積み重ねてきた AWS ですが、米マイクロソフトの Azure でも同様のアーキテクチャーを採れます。Azure では、Kinesis にあたるサービスとして「Azure Event Hubs」、Lambda にあたるサービスとして「Azure Functions」を用意しています。Kinesis と Lambda の組み合わせと同じ特徴を備えます。

　OSS としては「Apache Kafka（Kafka）」が挙げられます。パブリッククラウド上のサービスとして利用することも、オンプレミスにインストールして利用することもできます。プラットフォーム間で利用する技術を標準化、統一したい場合に向いています。

外部データを収集する

　セカンドパーティーデータ、サードパーティーデータ、つまり外部データの収集は、ファーストパーティーデータのようにデータ発生源からの蓄積を考える必要はありません。外部で既に蓄積されているデータと連係することになります。連係方式はデータの提供主体が用意する方式や、企業間でのデータ共有の枠組みで定められた方式に合わせます。外部連係先が増えると必然的に幾つかの連係方式に対応する必要に迫られます。

　利用可能な外部データには様々なものが存在します。政府が保有する統計データを省庁横断で提供するのが「e-Stat」です。Web サイトからダウンロードできる他、データを取得するための API（アプリケーション・プログラミング・インターフェース）を公開しています。定期的に更新されるデータセットを取り込む仕組みをつくるのは難しくなく、さらに一部の BI（ビジネスインテリジェンス）ツー

政府や民間会社が提供、消費者データも

表　主な外部データの例

カテゴリ	外部データ	内容
政府提供データ	e-Stat	経済統計、国勢調査などの公的調査で取得、集計された統計データ。最小単位のデータセット数が150万以上。対応形式と方法はデータセットによって異なる
	アドレス・ベース・レジストリ	住所を標準フォーマットで定義したもの。CSV ／ XML で提供。ダウンロードしてマスターデータにできる
	法人番号	国税庁が法人番号公表サイトで公開している法人番号データセット。法人番号・法人情報を CSV ／ XML でダウンロードしてマスターデータにできる
企業情報	uSonar（ユーソナー）	企業情報データベース。網羅性の高いデータを購入、利用できる
	帝国データバンク	企業情報、信用情報などを API で取り込める
	FORCAS	名寄せを自動で実行できる SaaS。企業が持つ関心といった属性データも保有しており分析に利用できる。提供元のユーザーベースでは経済統計を提供するサービスである SPEEDA も提供
消費者データ	モバイル空間統計（NTTドコモ）KDDI Location Analyzer（KDDI）全国うごき統計（ソフトバンク）	携帯電話への接続情報を基にして、個人を識別できないように秘匿化したうえで地域別人口の統計データを提供する。商圏分析などに利用できる
	ヤフー・データソリューション	検索データの集計結果をもとにしたデータサービスの総称。API でデータ取得できる。一部 BI ツールからコネクタで直接連携して利用可能

API：アプリケーション・プログラミング・インターフェース
SaaS：ソフトウエア・アズ・ア・サービス

ルにはあらかじめデータ取得のためのコネクターが用意されており、より簡易に連係できます。

　住所のような公共性の高いデータは各国・地域で標準フォーマットを定める動きが進んでいます。日本でも「アドレス・ベース・レジストリ」と呼ぶデータ標準化が進行中です。住所については一部標準化済みのデータセットを利用できます。

　企業間取引を主体とする会社に対しては、企業情報の収集や名寄せに利用でき

る外部データが充実しつつあります。企業を一意に識別できる最も有力なデータ
セットが国税庁の法人番号でしょう（法人化していない事業主、海外企業との取
引がある場合は別の考慮が必要になります）。所在地などの単位で入手できるた
め、マスターデータの一部として利用可能です。企業データの名寄せ、属性情報
の収集に対応する民間のデータサービスも存在します。

　消費者データについては SNS（交流サイト）、EC 事業者が提供する商品に関
する情報など多種多様な外部データが存在します。

2-4

増え続けるデータ連係
クラウドで短期間・低コストに実装

データ連係はそれ自体が価値を生むものではないが、データの利用に必要な作業である。効率の良いデータ連係環境を用意することで、データ活用に多くの工数を充てられる。クラウドサービスを活用し、データ連係を短期間かつ低コストで実装・実行できる。

　データ連係とは、データを蓄積している基盤やサービスの間でデータをやり取りすることを指します。データマネジメント業務を体系化したフレームワーク「DMBOK（Data Management Body of Knowledge）2」では「データ統合と相互運用性」領域のうち、相互運用性に当たる業務がデータ連係に関連します。

　データ連係はそれ自体が価値を生むわけではありませんが、データの利用に不可欠であり、データ連係を効率よく運用することで、データ活用のためにより多くの工数を充てられます。以下ではデータ連係のニーズの変化と特徴を説明したうえで、データ連係を短期間・低コストに実装・実行する方法を解説します。

短期実装のニーズが強くなる

　ウォーターフォール型開発におけるデータ連係の実装は、データを利用する予定から逆算して計画します。開発業務が工程の多くを占めており、データ連係を短期間で実装するニーズはあまり強くありません。

　しかしDX（デジタルトランスフォーメーション）プロジェクトは異なります。データの存在が前提となって分析やPoC（概念実証）を実行するケースが大半です。データ連係の実装に時間がかかるとプロジェクトに要する期間も長くなり、エンジニアの待機コストが発生します。データを利用する側も、短期間での実装の要望が強いのがDXプロジェクトです。

　デジタル化の進展によるシステムやサービスの増加もデータ連係に変化をもたらしています。企業が利用するシステムやサービスが増えることに伴い、データ連係の機会も多くなっています。特に SaaS（ソフトウエア・アズ・ア・サービス）を利用して素早く、安価にデジタル化の目的を達成する動きがあり、SaaS 同士、あるいは社内システムと SaaS の間でのデータ連係のニーズが高まっています。

　データ連係の方法は後述する API（アプリケーション・プログラミング・インターフェース）を介す方法の他、ファイル転送を利用する方法など SaaS によって様々です。

データエンジニアが統制

　こうした背景があり、データエンジニアがデータ連係を統制する必要性が増しています。低コストな運用には、コストパフォーマンスの良い技術を選定して設計を標準化するのが有効です。標準化の効果を出すには組織横断で統制をかけつつ、各プロジェクトに対して技術支援をする動きが欠かせません。外部のデータ基盤に対してはプロジェクト単位ではなく、組織を代表する立場で連係方式を定めることが求められます。

　データ連係業務をデータエンジニアが担当するのか、アプリケーションエンジニアが担うのかを定めず、技術的に実装可能なエンジニアリングリソースで対応している例が散見されますが、統制に実効性を持たせるにはデータエンジニアが担当すべきです。データエンジニアが、データ連係に対するニーズおよび活用できるツールやサービスを把握し、限られたツールやサービスを用いて、幅広いデータ連係ニーズに応えられるように標準的な仕組みを構築するのがよいでしょう。

抽出して変換し取り込む

　データ連係には 3 つの方式があります。1 つは ETL（Extract・Transform・Load、抽出・変換・書き出し）です。データを変換しながら連係先に取り込む方式です。2 つめはデータ同期です。データを変換することなく、変更されたデータを単純に連係先にコピーする方法です。3 つめはアプリケーション連係です。

データ連係の3つの方式
図　ETL、データ同期ツール、アプリケーション連係の概要

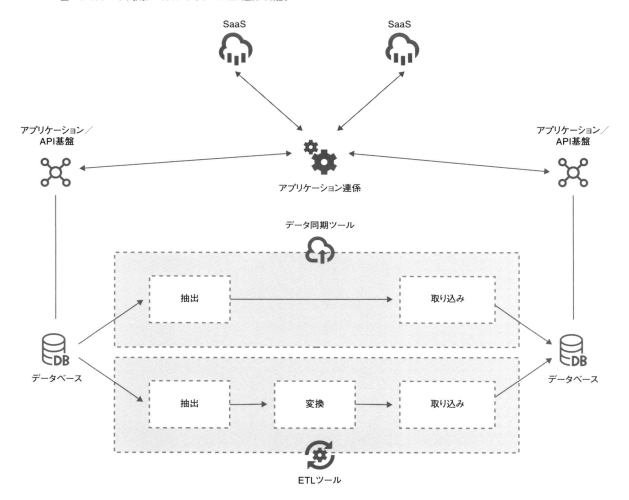

　前述の2つがデータ基盤でのデータ連係方法であるのに対して、アプリケーション連係はアプリケーション層でデータを連係する方式です。APIを介すため、データ基盤に利用している製品に依存することなく、外部との連係を実装しやすい特徴があります。

ツールの選び方は連係方式ごとに異なる

表　データ連係方式の特徴

データ連係方式	データ変換	リアルタイム性	API	特徴と用途
ETL	可能	低	利用しない	最も一般的に利用される用途の広い方式。以前からツールが充実している
データ同期	不可能	高	利用しない	高いリアルタイム性が求められる場合に検討する。継続的なデータ連係の他に、平行稼働やデータベース切り替えにも利用される
アプリケーション連係	可能	低	利用する	APIを利用したデータ連係方式。比較的新しい領域で進化を続けている

　データ連係には次に挙げる機能を実装します。

（1）データの抽出

　データの連係元から、連係対象となるデータを抽出する機能です。抽出する際は、連係済みのデータを除き、新しく更新されたデータだけを抽出することが求められます。データ連係ツールは、これまで連係したデータと、新たに更新されたデータを識別する機能を備えています。

（2）データの変換

　データ同期以外の方式が備える機能です。ここで言う変換とは、データの型や桁などの形式的な変更、整形、補完、集計などを指し、データ連係先での利用に適した形式に変えます。一方、データ同期ツールはデータの変換機能を備えず、「抽出」の後は次に挙げる「取り込み」を実行します。

（3）データの取り込み

　データを連係先に取り込む機能です。データの連係元での更新内容に応じて、データの挿入・変更・削除を実行します。

（4）データ連係の実行管理

　データ連係を実行するに当たってスケジュールや、ファイルの到着といったトリガーなどを管理します。複数のデータ連係に依存関係がある場合は、実行順序や待ち合わせといった条件を細かく設定するジョブ管理の必要性が出てきます。運用管理のために、実行状態やログを確認できる機能、状態の通知機能も必要です。データ同期の場合は、更新が発生したデータを常時同期する仕組みであるため、ジョブ管理の必要性は低くなります。

連係ツールで運用を効率化

　前述の機能について、変換以外は共通化しやすく、データ連係ツールを利用することで効率化が図れます。実装期間の短縮や、実装・運用の工数削減につながります。標準的に利用するツールを選定することでノウハウの再利用が可能となり、学習コストをかけず、かつツール自体を維持管理する運用コストも下げられます。

　ツールの利用にはデータ連係を一元管理できるメリットもあります。ツールの画面や設定を見れば、どのようなデータ連係をしているのかを確認できます。自社に適したツールの選び方は、連係方式によって異なります。

ETL

　ETL は歴史のある製品カテゴリーであり、長く販売されているツールには機能的な優位性があります。コードを記述せずにデータ連係を実装できる機能と、コードを記述して複雑な変換処理を実装できる機能の両方を備えるのが ETL ツール／サービスの現在のトレンドです。非エンジニアがノーコード／ローコードでアプリケーションを開発する際、データエンジニアの統制を受けつつデータ連係を作成するといった使い方ができます。

　クラウドの ETL サービスは、ノーコード／ローコードでデータ連係を実装できる機能をより強くサポートしています。ほぼ全てがサーバーレスであり、基盤の管理が不要です。

データ同期

　データ同期はリアルタイム性の高いデータ連係が求められ、データ変換が不要な場合に選択する方式です。リアルタイム性とは、データの連係元が更新されてから、データの連係先にデータが反映されるまでの時間が短いという特性です。更新データの単純なコピーをリアルタイムに実行したい場合はデータ同期ツールを利用し、それ以外の場合は ETL ツールを利用するのが一般的です。

　データ同期は、パブリッククラウド上のデータ同期サービスを利用するメリットが大きい方式です。インストールして利用するタイプの商用ツールを利用する場合は、導入および同期の実装がやや複雑です。これに対してクラウド上のデータ同期サービスは、同期の定義設定だけで済むためインテグレーションコストを小さくできます。

　料金体系も魅力です。商用のデータ同期ツールはライセンスが買い取りになり、高額な製品が主流ですが、クラウドのデータ同期サービスであれば実行時間に対して課金されるため、データを同期する時間が短いほどコストを小さくできます。

　クラウドのデータ同期サービスを選ぶ場合、データ連係先は同期サービスを実行しているパブリッククラウド上のリソースに限定される場合が多い点には注意が必要です。利用するパブリッククラウドごとにデータ同期サービスの利用を検討することになります。

アプリケーション連係

　アプリケーション連係方式には、多種多様な SaaS やデータプラットフォームに接続するための「コネクター」を備えるツールが登場してきており、利便性が高まっています。これまではプログラムをつくり込んでデータ連係していたところを、ツールで代替できると効率的になります。ただし、この領域は比較的歴史が浅く、まだ成熟していないのが実情です。単一の製品やサービスですべてのアプリケーション連係ニーズに対応するのは現状困難です。

API ゲートウエイの仕様に合わせて実行

図　APIゲートウエイを利用した外部プラットフォームとのデータ連係イメージ

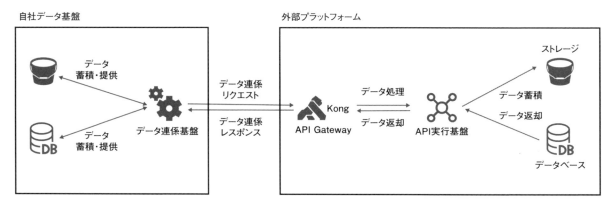

API：アプリケーション・プログラミング・インターフェース

　ETL ツールの中には、コネクターを加えてアプリケーション連係に対応するツールもあります。自社が利用する SaaS やデータプラットフォームに対応しているサービス、ツールから選択します。

　各種ツールが提供されている中、API を利用してアプリケーション連係を実現するためのツールが API ゲートウエイです。2-3 で特定地域の企業間あるいは業界内でデータを共有する枠組みづくりが進んでいることを解説しましたが、そこで使われるデータ連係ツールとして多いのが API ゲートウエイです。

　例えば「デジタル田園都市構想」を進めるデジタル庁は、その構想を実現するデータ連係基盤のモジュールとして、オープンソースの API ゲートウエイである米コングの「Kong　Gateway」を推奨しています。パブリッククラウド事業者も API ゲートウエイのサービスを提供しています。

標準化や一元管理が負担を左右

　データ連係業務の負担は、データの標準化、マスターデータの一元管理といったデータマネジメントの他の領域の成果に左右されます。データ設計がバラバラ

パブリッククラウド事業者が提供

表　APIゲートウエイを実現する主なパブリッククラウドサービス

パブリッククラウド	API ゲートウエイサービス
Amazon Web Services	Amazon AppFlow
Microsoft Azure	Azure Data Factory
Oracle Cloud Infrastructure	Oracle Integration Cloud

API：アプリケーション・プログラミング・インターフェース

でデータが散在していると、データ連係の数と複雑さが増すためです。関連性の
ある領域と合わせて標準化や効率化に取り組むと、さらに効果を上げられます。

2-5

データ加工に4つのトレンド
品質向上に不可欠な作業の全体像

データ加工とは、ETL（抽出・変換・書き出し）の中の変換に該当する処理である。システムを構築・利用する際の一般的な作業であり、データの品質向上に欠かせない。企業におけるデータ活用の高まりとともに近年、変化がみられる分野である。

　データ加工とは、ETL（Extract・Transform・Load、抽出・変換・書き出し）の中の変換にあたる処理です。データ加工にはフォーマット変換、クレンジング、名寄せといった幾つかの種類があります。

　様々な「データ加工」の中で、特に負荷が高いのがクレンジング、名寄せ、補完といったデータの整合性や一貫性を保つための処理です。データ品質が低い場合、特に多くの時間と労力を要します。データ分析の作業時間の8割はデータの収集と加工に費やすと言われており、データ品質が低いため加工に手間がかかっていることを示唆しています。

　データマネジメント業務の中でデータ品質は重要なテーマであり、品質を上げることがデータ加工の根本的な問題解決につながります。

フォーマットの多様化など進む

　データ加工はシステムを構築・利用する際に発生する一般的な作業です。データマネジメントの新領域ではありませんが、近年の企業におけるデータ活用の機運の高まりや技術の変化を背景として4つのトレンドが見て取れます。

（1）データフォーマットの多様化
　1つめは加工対象のデータフォーマットの多様化です。特に半構造化データを

利用するようになっています。JSON（JavaScript のオブジェクト表記法ベースのデータ記述方式）、Parquet（Apache Parquet、列指向のデータ記述方式）、GeoJSON（地理空間データの記述方式）、RDF（Resource Description Framework、メタデータの記述方式）などが挙げられます。

　構造化データはあらかじめ定められたデータの仕様に従って定義されたデータを格納するため、仕様にない記述はできません。一方、データソースとなるシステムや IoT（インターネット・オブ・シングズ）デバイスなどの更新頻度が上がると、データ定義が変わった場合でもデータ連係・加工の仕組みを変えずに運用できる方式が求められます。

　こうした要求に応えられるのが半構造化データです。データ構造を柔軟に定義しやすく、変更に強い特徴を備えます。仕様変更の多いデータや定型化が難しいデータを格納する際に用いられます。半構造化データの普及と同時に、データを加工、さらには活用する基盤でも半構造化データをそのまま格納、処理したり、効率よく扱うための自動フォーマット変換などの機能を付加したりするようになってきました。

（2）データ加工の（半）自動化

　2 つめがデータ加工の（半）自動化です。データ活用が広がると、増大するデータ加工をより効率的に実行するニーズが強くなります。AI（人工知能）を活用して品質に問題のあるデータの変更案を提案するなどの自動化が進みつつあります。

　（半）自動化としているのは、ツールが提案した加工案の通りに変更するかどうかは人が判断しなければならないからです。人の判断を介さなくていいものは自動実行させ、それ以外はツールが提案した内容を確認・承認するといった使い方です。自動化に対応したツールは、項目名・型・タグなど不足しているメタデータやラベルを補完できます。

多岐にわたるデータ加工

表　データ加工の種類と内容

データ加工の種類	内容
フォーマット変換	データ利用するシステムで処理するのに都合の良いデータ形式や単位に変換する。フォーマット変換には CSV、JSON などのファイルフォーマットの変換と、日時表現方式、大文字小文字・全角半角、氏名・住所の区切り方などのデータ型・表現形式の変換がある
クレンジング	データセット内にある、不正確、不完全なデータを検出し、修正または削除する処理。データクレンジングの目的は、データを正しい状態に修正して、データの信頼性を向上させること。データ分析の精度や処理結果に大きな影響を及ぼす
名寄せ	データの重複を修正すること。データ間の同一性を判断して、データを統合する
データ補完	データ内の欠損値を埋める処理。補完方法は、他のデータソースからの取得、計算結果の挿入、などがある
データ正規化	データの整合性を保ちやすいデータ構造にする手法。データに冗長性がなく 1 カ所で表現されるような構造にする。データベースでデータを利用する際に実行される。正規化することによって、データの更新、削除、挿入処理が効率よく、データの整合性が崩れにくくなる
マスキング、匿名化	機密情報または個人を特定できる情報を保護するために不可逆なデータ加工を施す手法
データ分割、データ統合	利用に適した単位に分割、統合する処理。日時やデータソースごとに分かれているファイルを 1 つに統合したり、機械学習用データを教師データと検証データに分割する加工処理などがある
マート作成	リポートなどの特定の利用目的に特化してデータウエアハウス上のテーブルを作成すること

（3）ノーコード・ローコードツール

　3 つめがノーコード・ローコードツールの登場です。コードを書かずに画面での操作でデータ加工を実行できるツールなどが登場しています。以前は主にエンジニアがデータ加工を担当していましたが、非エンジニアでも可能になりました。

（4）特化型 SaaS

　4 つめが特定の領域、例えば顧客情報や企業情報の扱いに特化した SaaS（ソフトウエア・アズ・ア・サービス）の登場です。これらは、管理対象とするデータセットの名寄せやクレンジングにも対応しています。

　（2）のデータ加工ツールが一般的な提案機能を提供するのに対し、特化型

加工処理の重複を避けて共通化

図　データ加工の配置の概要

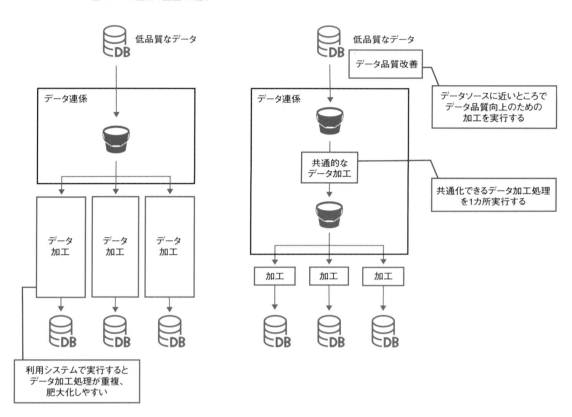

SaaSは専門領域のデータの自動加工、提案精度の高さが特徴です。自社が加工したいデータセットが特化型SaaSの対象データ領域と一致する場合、これらのSaaSは有力な選択肢になり得ます。

データ加工の全体像

　データ加工はデータパイプライン中の複数のステップで実行されます。どのステップで実行するかは加工の種類や目的で異なります。重要なのは重複したデータ加工を避け、共通化することです。加工は一度だけで、複数のデータ活用基盤

扱うデータセットや加工要件によって適したアーキテクチャーは異なる

図　データパイプラインの中でのデータ加工の位置付けの例

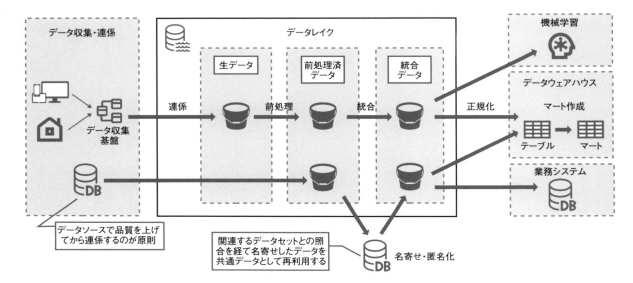

やシステムで再利用できるようにします。

　もう 1 つは適材適所でのデータ加工の実行です。基盤によって得意とするデータ加工の種類が異なります。以下に具体的なデータパイプラインと、ステップごとのデータ加工の実行について説明します。

前処理

　このステップでは、収集した生データに対して単純なフォーマット変更やデータ補完、異常値の除去といった初期の加工をします。データ加工の種類としてはフォーマット変換およびクレンジングの一部が該当します。

　この段階の加工は、データ品質を最小単位で保ち、後続の加工ステップをスムーズに進むようにする目的があります。前処理の成否は、データ分析の精度や処理結果に大きな影響を及ぼします。

統合

　前処理済みデータに対して複雑性の高い加工、データ補完、名寄せの処理を施します。データ間の整合性や一貫性がある状態にするために、変更・統合します。

　クレンジング処理だけでは、正しいデータが重複して存在する可能性があります。名寄せすることで、顧客の属性や行動履歴を統合的に確認できるようになり、マーケティングや営業など顧客と接点がある業務での利用価値が高まります。

　データ品質が低く、データの同一性を判断する材料が欠けている場合は、名寄せは困難です。名寄せの際は企業名、住所といったデータの表現形式の統一を検討します。利用しやすいデータセットにすること、利用する側が繰り返し表現形式を変更せずに済むことが目的です。

　セキュリティーの観点から必要に応じて、個人情報の匿名化やマスキングをします。匿名化やマスキングによって、個人情報にアクセスする権限を持たないメンバーであってもデータ分析に利用できるようになります。統合済みのデータは社内で共通データセットとして再利用していきます。

　このステップはデータ加工の中で最も複雑で実装の負担が大きくなりやすい部分です。複雑性があるだけに、名寄せを中心としてデータレイク上での処理が実装困難になることがあります。他のデータセットとの照合・解析をして加工する必要がある場合は、データベースやツール、クラウドサービスを活用したほうがコストと効率で有利になる場合があります。

正規化

　正規化によって、データの更新・削除・挿入を効率よく処理できるようになり、データの整合性が崩れにくくなります。リレーショナルデータベース（RDB）に格納する際に不可欠の作業です。正規化する際にはRDBが得意な他のデータセットとの照合・結合処理を多く実行すること、キー構造などRDB特有の設定をすることから、正規化はRDB上で実行するのが大半です。

マート作成

　データウエアハウスでは、データの正規化後にマート（事前集計データ）を作成します。特定の利用目的に特化したデータ加工です。あらかじめ集計・分析済みのデータを保持するため、高速に参照できるメリットがあります。

ツールによるデータ加工の自動化

　データ加工を効率的に実行するツールやサービスには複数の選択肢があります。実行する内容やデータの種類、予算によって選択します。

　データ加工に特化したツールをデータ・プレパレーション・ツールと呼びます。多くの製品があり、ノーコード・ローコードで利用できるのが一般的です。ETLツールが主にエンジニアの利用を前提としているのに対して、データ・プレパレーション・ツールは非エンジニアの利用を意識して開発されているためです。

　データ・プレパレーション・ツールを利用することで、事業部門でデータを扱うデータサイエンティストやビジネス人材が、IT 部門の力を借りずにデータ活用を進められます。特にデータ分析や DX（デジタルトランスフォーメーション）における調査・PoC（概念実証）を素早く実行したい場面に向きます。ETL ツールとデータ・プレパレーション・ツールは機能よりも利用者属性がどちらにフィットするかが重要な選定ポイントになります。

　高価な製品になると、データクレンジングを自動化できます。表記のゆれやデータ形式の間違いを検出して修正案を提案してくれます。適用するかどうかを利用者が判断するといった使い方が基本です。

　「データ加工の（半）自動化」の説明でも触れましたが注意したいのは、ツールが提案するデータの修正案が正しいかどうかの「確からしさ」はデータ内容によってまちまちであることです。ルールベースで自動修正するパターンを設定し、それ以外は人の判断を経て修正内容をコミットするといった利用方法になります。品質の悪いデータセットをツールが全て自動修正してくれるといった過度な

期待を持つのは禁物です。

　価格・料金とベンダーロックインについても注意が必要です。機能が豊富な製品ほど高額になります。グラフィカルな画面操作でデータ加工を定義できる半面、汎用言語で記述するわけではないため他のツールへの移行性は低くなり、ベンダーロックインにつながります。

データ加工と親和性が高い生成AI

　ChatGPT をはじめとする生成 AI（人工知能）はデータ加工との親和性が高く、筆者が検証したところ、データ品質の問題点の指摘や、クレンジング、名寄せ、匿名化、フォーマット変換といった各場面で高い加工精度を発揮しました。

　生成 AI 独自の強みとして、修正案の「確からしさ」を 0 ～ 100％で出力させるような利用方法を採れることです。閾値を設けて一定以上であれば修正案を自動的に採用するといったことができます。

　生成 AI がデータ加工にもたらすインパクトには２つの側面があります。1 つは修正の対象範囲が広がり、データ品質が向上すること。既存ツールでは型やタグ、表記などのゆれを明示的に提示する機能を組み込んでいる製品があります。生成 AI ではツールの機能として実装されていないことでも、指示すれば対応できる可能性があります。もう 1 つは、非エンジニアによるデータ加工への関与です。

業務スタッフがデータ加工に関与

　筆者が最もインパクトがあると考えるのが、IT リテラシーの高くない業務スタッフがデータ加工に関われる点です。データ加工は、データエンジニアやデータスチュワードのようなエンジニアだけではなく、業務部門の担当者やデータ入力作業者といった非エンジニアが関わる機会が多いデータマネジメント業務です。自然言語を用いてデータ加工の指示ができると、業務部門でのデータ活用のスピードと効率のアップに寄与します。

自然言語でデータ加工の指示ができる
図　生成 AI を使った VOC（顧客の声）データの加工例

明久
VOCのデータ（テキスト形式）から、カテゴリ、ネガティブ度　のデータを抽出します。
カテゴリは、VOCのデータから抽出した不満や要望が企業内業務のどれに関わっているかを示します。接客、配送、決済、サポート、商品に分類します。
ネガティブ度は、VOCのデータから抽出したお客様の感情分析結果です。ネガティブ度合いを診断して百分率で示します。
複数のカテゴリに該当する場合はカテゴリを複数抽出して、それぞれのカテゴリごとにネガティブ度の診断結果を出してください。

＜データ＞
1.「先日、注文した商品がまだ届いていません。注文確認メールを受け取ってから既に10日以上が経過しています。期待していた商品が手元にないのは残念です。また、問い合わせに対するレスポンスも遅く、不安が募るばかりです。」

2.「購入後に商品が思っていたものと少し違っていました。商品の詳細なスペックが載っているのは良く、探しやすいサイトだと思っています。使用感、素材感などもう少し詳しく記載されているとよかったです。」

3.「問い合わせた際のカスタマーサポートの対応が非常に遅く、不満を感じました。問い合わせから返答がくるまでに数日を要し、その間不安な気持ちでいました。また、問い合わせの内容に対する回答も曖昧で、解決には至りませんでした。」

> 指示内容を明確にする必要がある。
> 抽出を指示するデータの内容を変更すれば、異なる分析に利用できるデータも得られる

以下に、提供いただいたVOCデータからカテゴリとネガティブ度を抽出した結果を示します。ただし、ネガティブ度は一例として設定されており、実際の分析ではより精密な感情分析ツールや手法を使用することを推奨します。

1. **VOCデータ**：「先日、注文した商品がまだ届いていません。注文確認メールを受け取ってから既に10日以上が経過しています。期待していた商品が手元にないのは残念です。また、問い合わせに対するレスポンスも遅く、不安が募るばかりです。」
   カテゴリ：配送（ネガティブ度：80％）、サポート（ネガティブ度：70％）
2. **VOCデータ**：「購入後に商品が思っていたものと少し違っていました。商品の詳細なスペックが載っているのは良く、探しやすいサイトだと思っています。使用感、素材感などもう少し詳しく記載されているとよかったです。」
   カテゴリ：商品（ネガティブ度：60％）
3. **VOCデータ**：「問い合わせた際のカスタマーサポートの対応が非常に遅く、不満を感じました。問い合わせから返答がくるまでに数日を要し、その間不安な気持ちでいました。また、問い合わせの内容に対する回答も曖昧で、解決には至りませんでした。」
   カテゴリ：サポート（ネガティブ度：85％）

これらの結果から、特に配送とサポートの改善が必要であることがわかります。配送に関しては商品の到着が遅いという問題、サポートに関しては問い合わせの対応が遅いという問題が指摘されており、これらの解決を通じて顧客満足度の向上を目指すべきでしょう。また、商品の詳細な説明についても改善の余地があると感じられます。

> 出力するまで待機時間が発生する分、生産性が落ちる

※紙面の関係でデータ数を少なくしている

　一例として、マーケティング部門における VOC（Voice of Customer：顧客の声）分析の場面を考えてみます。分析の目的は、社内業務や商品の中で不満が集中している箇所の確認と、改善ポイントの特定だと仮定します。VOC データはたいていテキストや音声形式であり、そのままでは分析に不向きです。定量化には、不満を持たれた業務（カテゴリー）、どの程度不満を持たれたかといった「ネガティブ度」を抽出する必要があります。既存データからデータ抽出したり、補完したりするのもデータ加工業務の1つです。

　対話型の生成 AI でデータを扱う際は、自然言語で指示すればよく、分析ツールの使い方を習得する必要はありません。柔軟性も強みです。「サポート」や「配送」といったカテゴリーの分け方や、性格分析のフレームワークの変更、別のデータ項目の抽出が自由にできます。

ビジネスサイド主導でデータ活用

　分析に必要なデータ加工ができたら、そのまま生成 AI を利用してリポートの作成、改善策の生成などを指示できます。データ分析の初期は試行錯誤しながら分析軸を定めることになるため、自然言語でアドホックなデータ加工と分析を繰り返せるメリットが大きくなります。生成 AI の利用によって、ビジネスサイド主導のデータ活用を進めやすくする効果があります。

　データ活用初期のアドホックなデータ加工・分析をビジネスサイドでできると、エンジニアにとってもメリットがあります。データ加工業務を分担できることになり、データ品質を保つ負担が軽減されます。データ分析基盤の整備やモデリングなどの本来やるべきエンジニアリング業務に集中できます。

生成AI活用の方法

　業務部門の担当者はどのように生成 AI を利用するとよいでしょうか。IT リテラシーはそれぞれの担当者によって異なります。誰でも容易に使える手法であるほど価値があります。生成 AI には幾つかの種類がありますが、ここでは代表例として ChatGPT を使う例を取り上げます。

生成AIの利用方式は様々

表　生成AIの利用方式の例(ChatGPTの場合)

利用方式	特徴
Webアプリケーション	Webブラウザーを使ってプロンプトから指示する。データ量が少なく、アドホックな利用に向く
Excelアドオン	Excelにアドオンを追加して利用する。数十万件以内のデータに対して定型処理するのに向く
API	アプリケーションやツールにユーザー自身が組み込んで利用する。大量データの処理も可能になる
ツール組み込み	生成AIのAPIが組み込まれているツール、SaaSが登場している。ツールやSaaSのGUIなどのインターフェースを通じて利用する。ツール機能と組み合わせて利用できる

API：アプリケーション・プログラミング・インターフェース
AI：人工知能
SaaS：ソフトウエア・アズ・ア・サービス
GUI：グラフィカル・ユーザー・インターフェース

　自由度の高さではWebアプリケーションに利点があります。Webブラウザーを使ってプロンプトをチャットで指示する方法です。この方法は事前準備が少なくて済み、考えついたアイデアをすぐに試せます。デメリットはプロンプトエンジニアリングのスキルが必要なことです。経験すれば習得可能ですが、誰でも容易に使えることを目指し、プロンプトの例やテンプレートを用意するとよいでしょう。

　データ加工で利用する場合は、生成AIに対して明確な指示を出すようにします。同じプロンプトでも結果が変わる場合があります。指示が明確であるほど結果の一貫性が高まる特徴があります。データとしての処理精度を求めることを伝えるために「あなたはデータスチュワードです」、もしくは「あなたはデータ加工ツールです」のような役割を与える指示を出します。

　出力結果のデータ形式、データ加工の具体的な内容も記載します。例えば住所であれば「正規化する」という指示だけだと分け方が一定にならないことがあります。「都道府県、市区町村、町名、丁、番地、号、建物以下に分割します」といった具体的な指示をします。細かく分割したほうが、データの表記ゆれや誤りの修正精度も高くなります。

　生成 AI を使うデメリットとしては現時点では結果が出てくるまでの時間がかかることです。Web アプリケーションではプロンプトを入力して結果が出るまでに待機時間が発生します。その分生産性は落ちることになります。データ加工のアイデア出しと確認、少量のデータ加工をするのに向いている方法です。

　データ加工の方法が固まって、数十万件以内のデータ量であれば Excel を利用するのが便利です。Excel で ChatGPT を利用するアドインが幾つかあります。組み込むことで Excel 関数として利用できます。関数にプロンプトと対象データの入ったセルを指定すると、結果が関数の入っているセルに出力される仕組みです。この方法を採ると、多くのデータに対して並行して処理を実行可能で、効率よく加工できます。複数のステップから成る連続したデータ加工も実行できます。データ加工の内容が決まっていて定型的に処理したい場合に向きます。

　Web アプリケーションと Excel は適応する利用シーンが異なり、目的によって使い分けます。ここでは業務スタッフの利用を想定して説明してきましたが、エンジニアでももちろん活用できます。エンジニアが利用する際に検討したいのは API（アプリケーション・プログラミング・インターフェース）の利用です。

　ChatGPT には API が提供されており、業務アプリケーションに組み込むことで ChatGPT の機能を利用できます。API を利用すれば、データ入力画面で表記ゆれや誤字、標準的ではない記法のデータの修正を指摘するといった機能を実装できます。100 万件を超えるような大量データも、データソースからデータを読み込みながら API を用いて実行することで処理できます。

生成AIを利用したデータ加工手法

　生成 AI を利用したデータ加工手法を幾つか紹介します。

フォーマット変換、名寄せ・クレンジング
　大文字小文字、全角半角、日時表現方式、通貨表現方式について、生成 AI はほぼ完全に指示通り変換します。名寄せにはデータ形式を合わせたうえで同一か

どうかを突き合わせます。住所、会社名を標準データ形式に統一できますが精度は落ちます。特に固有名詞は正しいデータを学習しておかないと AI は精度を出せません。確からしさを判断基準の 1 つにできます。エンジニアが住所、会社名などを高い精度で変換する方法は、「データ品質」の回で説明します。

個人情報の識別と匿名加工

　個人情報を保護するために、データの中に個人情報が存在するかどうかを識別したうえで匿名加工などの処理を施します。生成 AI がテキストデータから個人情報と考えられるデータを識別する精度は総じて高いといえますが、氏名の識別が難しい場合があります。前述した VOC 分析の例では、VOC テキスト中に個人情報が含まれていたら匿名加工したうえで分析に利用する方法が考えられます。ただし、厳密に不可逆な匿名加工ができているかどうかの判断は難しく、センシティブなデータはマスキングするか、専用ツールの利用を検討したほうがよいでしょう。

データ加工コードの生成

　データ加工ジョブをコードで実装する場合、生成 AI にコードを生成させることもできます。データ加工の詳細仕様を定義できれば、かなり高品質なコードが生成されます。データ加工とは異なりますが、大量データを作成するコードを生成させ、テストデータを効率よくつくれます。コード生成に利用できればエンジニアのデータ加工作業の生産性を改善できる可能性があります。

2-6

データ活用を加速する仮想化 データウエアハウスとは補完関係

分散するデータを 1 つの仮想的なデータソースとしてアクセスできるようにする。データ仮想化はデータ分析、ビジネスインテリジェンス（BI）のために用いられる。データ活用を加速する技術であり、データウエアハウス（DWH）とは補完関係にある。

　データ仮想化とは、複数の場所に分散するデータを仮想的に 1 つのデータソースとしてアクセスできるようにする技術です。「データフェデレーション」などとも呼びます。

　データマネジメント業務を体系化したフレームワーク「DMBOK（Data Management Body of Knowledge）2」の複数の領域に関わっており、データ分析、ビジネスインテリジェンス（BI）に用いられます。このことから「データウエアハウスとビジネスインテリジェンス」の知識領域との関連性が強い技術です。データ仮想化とデータウエアハウスはデータ活用の点でその用途が近いこともあり、これらの比較も交えて解説します。

データ仮想化が求められる背景

　データ分析環境の整備には分析担当者のニーズの把握が重要です。データ分析には大きく（1）探索型分析（2）仮説検証型分析——の 2 つのステップがあります。

　各ステップはデータ分析環境として求められるスピード、可用性、完全性、品質への要求が異なります。探索型分析は社内に散在するデータストア上のデータをアドホックに確認し、DX（デジタルトランスフォーメーション）の企画、アイデア出し、仮説抽出に利用します。

データ分析には2つのステップ

図　データ分析の流れの概要

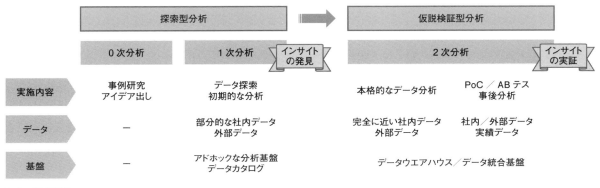

PoC：概念実証

　探索型分析は計画的に実行できる類の作業ではなく、データ活用のアイデアを幾つも出し、実データを確認して考えを修正し、具体化するステップです。データを見ることでアイデアを出したいと考えることもあるでしょう。どのデータを見たいかは事前には分からず、作業の途中で変わることもあります。そのため探索型分析ではスピードと柔軟性が重視されます。

　探索型分析で得られるのはデータ活用の仮説です。分析者の知見やデータの一部を確認した上で、仮説が正しいかを検証するのが仮説検証型分析です。このステップでは分析結果の精度の高さが必要であり、品質の高いデータが完全な状態でそろっていることが求められます。

　完全なデータをそろえるとデータ量は大きくなり、扱いには性能も求められます。この用途に合うのがデータウエアハウス（DWH）です。DWHはリポーティング業務などに組み込まれ、データ品質や完全性が保たれているからです。ただしスピードと柔軟性が高いとはいえません。DWHの場合、他のデータストア上にあるデータを収集・連係し、データ品質を高めた上で統合する手間がかかります。

こうした違いがあるため、探索型分析と仮説検証型分析では、利用技術を適材適所で使い分けます。探索型分析から始める段階であるにもかかわらず、DWHを本格導入してしまい利用者が使い勝手に不満を持つといった失敗例を聞きます。探索型分析はデータ仮想化と相性がよく、現在、クラウドサービスを用いて容易に低コストで利用できるようになっています。

クラウドでのデータ仮想化

以下では Amazon Web Services（AWS）を例にデータ仮想化のアーキテクチャーを説明します。データ仮想化サービスとして「Amazon Athena（Athena）」が用意されています。Athena はデータレイクや RDB（リレーショナルデータベース）といった主要なデータソースに接続し、各データを結合して分析できます。この際、実際のデータを Athena に連係・格納することはありません。

Athena はデータソースに接続するコネクターを備えており、メタデータ（オブジェクトや DB 上のテーブル定義の情報）を取得して利用者に見せます。利用者がデータにアクセスするクエリーを発行すると、Athena はデータソースに問い合わせて実行結果を得ます。クエリーはデータソース側で実行します。

データ仮想化環境においてデータを分析する利用者が他のデータソースへのアクセスを望む場合は、接続先を追加で設定します。その際、通常はデータセキュリティーのチェックや、負荷を考慮したアクセス許可の判断が入るものの、Athena を利用することで接続設定の作業だけで済みます。Athena を例に挙げましたが、他のパブリッククラウドでも同様の目的で利用できるサービスが存在しています。

データ仮想化サービスは、利用者が直接クエリーを発行できるのに加え、BI ツールからも接続して利用できます。生のデータを見たいデータサイエンティストはアドホックにクエリーを発行し、非エンジニアの利用者は BI ツールでビジュアルで確認するといった使い方ができます。

データソースに接続し、データを結合して分析

図　クラウドでのデータ仮想化アーキテクチャーの例

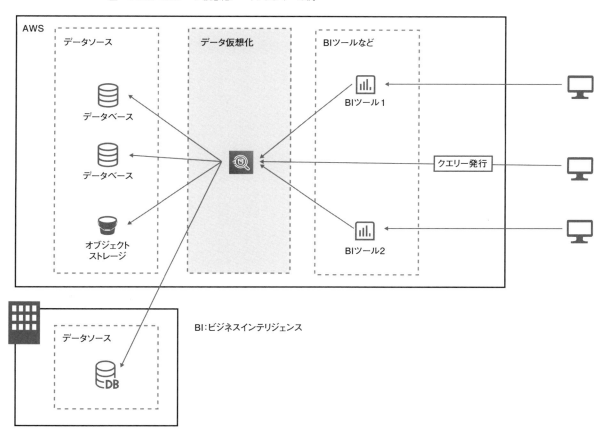

仮想化の効果とDWHとの違い

　データ仮想化で得られる効果は、スピードアップと低コストの2点です。データ活用の企画、アイデア出し、仮説抽出の工程を加速する効果があります。DWHでもこうした作業はできますが、データ連係が必要です。幾つものデータストアに散在するデータをアドホックに収集してアイデア出しをしようとすると手間と時間がかかります。早期にデータ活用のアイデアを出したいと考える組織

にとって、データ連係を待つ必要がないのは大きな利点です。

　低コストも魅力です。DWHのように実データを持つ基盤を構築したり、多くのコンピューティングリソースを用意したりする必要がなく、相対的に低コストです。特にクラウドの仮想化サービスは利用料金が従量課金でコストを低く抑えられます。データ連係にかかるエンジニアの工数も不要で、インテグレーションコストの点でも有利です。ビジネスでは、成果が出る確度が高くなるほど予算をかけることが許容されます。探索型分析を低コスト、スピーディーに実行し、出てきた仮説に対してDWHにデータを収集・統合して検証すると、データ活用に対する投資の最適化にもつながります。

　データ仮想化には不得手もあります。クエリーを発行するクライアントと実行するデータストアとの間にデータ仮想化の層が挟まれるアーキテクチャーになります。データ量が多くなったりクエリーが複雑になったりすると性能が劣化しやすいデメリットがあります。

　データ仮想化の層が入ることで障害点が増え、システム全体の可用性は低下します。継続的に実行するクリティカルな業務での利用には向かず、そうしたユースケースではデータストアに直接アクセスするか、DWHをアクセス先にするのが適しています。データ仮想化で分析して得られた仮説が有用で、通常業務で繰り返し実行するようになった場合は、実行先をDWHに変更することを検討します。

　データ仮想化とDWHは、どちらが優れているというものではなく、フィットするユースケースが異なり補完関係にあります。自社に合ったソリューションを適材適所で用意するのが優れたデータマネジメントです。データ分析基盤に何が求められるかを検討し、フィットする方を採用、あるいは組み合わせてデータ分析基盤をつくります。

データ仮想化のマネジメント業務

　データ仮想化の実現のために、データマネジメント組織が対応する業務を以下

メタデータ管理やユーザー・権限管理が発生
図　データ仮想化でのデータマネジメント業務の例

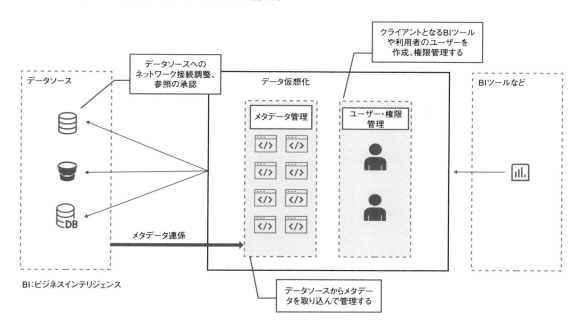

で説明します。

データ仮想化基盤の構築

　クラウドサービスを利用する、あるいは商用製品をインストールしてセットアップします。作業自体は難度が高いものではなく、工数も多くありません。データストアへの接続もクライアントとして接続する設定をする程度です。ただし、個人情報などを持つデータストアへの接続とデータ参照については、データのオーナーである部署の承認を得るといった手間が考えられます。

ユーザー・権限管理

　データ仮想化で最も基本的な業務です。データ仮想化サービスにアクセスできるユーザーを作成し、データへのアクセス権限を管理します。権限管理はデータ

や、データを活用するユーザーが増えると変更が生じやすく、作業頻度が高くなります。グループを定義するなどして効率化できるようにしておきます。

メタデータ管理

データに対するアクセス権限管理のために、接続先データストアのメタデータを取り込んで管理します。データ仮想化サービスにはメタデータの自動収集に対応するものがあり、管理業務を効率化できます。

監視

データアクセスがセキュリティー上問題がないかをチェックし、データ仮想化基盤のリソース利用状況を監視します。監視内容は製品によって異なります。サーバーレスでリソース監視が不要な代わりにピーク時に性能が落ちる製品もあれば、コンピューティングリソースを確保して実行する形態でリソース状況の監視が必要な製品もあります。リソースが不足する場合は拡張する、あるいは実行頻度やリソース消費の高いクエリーをデータストアに直接接続して実行するよう調整する対策が考えられます。

データ仮想化の製品例

データ仮想化は主要なクラウド事業者からサービスが提供されており、機能や特徴、料金体系はいずれも似ています。クラウドにデータソースがある場合は手軽に始められコストメリットが大きくなります。

商用製品では独自の機能が強化されており料金は高くなります。接続先データソースの種類が豊富で、クエリーの実行結果をキャッシュするなどして性能向上する工夫がされている製品もあります。メタデータなどを整理して検索できるようにしたサービスである「データカタログ」を内包するのも特徴です。データ仮想化と共通して探索型分析に利用するソリューションであり、利用シーンが近く親和性が高いといえます。

主要な製品には米デノードテクノロジーズの「Denodo Platform」、米ティブコ

ソフトウエアの「TIBCO」などがあります。独自機能を利用するメリットがあり、データ分析の初期段階に費用をかけられる場合は検討するとよいでしょう。

第3章

データ活用のためのデータ管理

3-1

データ品質管理の課題はコスト
SaaSやAIで経済性を改善

データ活用とデータ品質はコスト面で密接な関連がある。
成果を出すにはデータに品質の高さが求められるが、品質管理のコストがかさむ。
品質管理の経済性を改善する技術の導入がデータ活用の成功には欠かせない。

　データ活用で結果を出すにはデータ品質を高く保つ必要があります。品質が低いデータからは有用な知見や効果が生まれにくいためです。よく使われる言葉に「Garbage In, Garbage Out（ごみを入力するとごみを出力する）」があります。品質の低いデータを利用するとその結果も品質の低いものになります。

　ただしデータ品質を高く保とうとするとそのための管理コストが余計にかかります。データ活用の効果を上げるにはデータ品質の管理が不可欠ですが、品質を高く保つコストがデータ利用の便益を上回ると活用のインセンティブが失われてしまいます。近年、データ品質管理の経済性を改善するツールや技術が登場しています。以下でデータ品質と品質管理について説明します。

多岐にわたるデータ品質の評価項目

　データ品質は、データマネジメント業務を体系化したフレームワーク「DMBOK（Data Management Body of Knowledge）2」の 1 分野を占める重要な領域です。「データが利用に適していることを確認し、データ利用者のニーズを満たすために、データに品質管理技術を適用する活動の計画、実装、および制御」と定義されています。

　データ品質については、「ISO/IEC 25012　The Data Quality model」にもフレームワークが定められています。デジタル庁が作成している「データ品質管理ガイドブック」は、DMBOK や ISO といった既存の標準を基に、データ品質を

管理内容は多岐にわたる

表 デジタル庁「データ品質管理ガイドブック」によるデータ品質評価の項目

利用方式	内容	評価項目
1. 正確性 （Accuracy）	データが正確であること	・書式が正しいか ・誤字脱字などはないか ・意味的な誤りがないか ・データに誤りはないか
2. 完全性 （Completeness）	データが目的に応じて抜け漏れなくあること	・用途に応じて必要な項目が網羅されているか ・必須項目に空欄が含まれていないか
3. 一貫性 （Consistency）	データに整合性や一貫性があること	・データセット内でデータに矛盾はないか ・データセット間でデータに矛盾はないか
4. 信憑性 （Credibility）	信頼できるデータであること	・データの出所が明示されているか ・データの更新日が明示されているか ・改ざん防止策が施してあるか
5. 最新性 （Currentness）	データが最新のものに更新されていること	・公開データの更新サイクルは元データの更新サイクルに対して適切か ・データは収集時から十分に短い期間で公開されているか ・ファイルなどで提供される場合は、最終更新日時および最新版の所在が明記されているなど、更新版の有無が確認できるようになっているか
6. アクセシビリティー （Accessibility）	データを受け取った人がそのデータを活用できること	・ファイルで提供している場合、データの使用権を持つ全ての人が利用できるようになっているか ・ソフトウエアを通して提供している場合、そのソフトウエアは ISO/IEC 40500 に準拠しているか ・使用している文字セット（常用漢字など）は正しいか
7. 標準適合性 （Compliance）	データは入力ルールなどの一定のルールにより管理されているか	・データの書式は標準に準拠しているか ・使用している文字セットは正しいか ・選択項目に、指定された選択肢以外のデータが入っていないか
8. 機密性 （Confidentiality）	データが目的に応じた機密性が確保されていること	・データにアクセスできるのは、アクセスを許可された者に限定されているか ・利用者を制限する場合、暗号化やハッキング対策などが行われているか
9. 効率性 （Efficiency）	データを効率的に処理できるようコードを割り当てる等の対応がされていること	・データの内容に重複などがないか ・データは効率的に処理できるようになっているか ・コードを効果的に使用しているか・データに一貫性はあるか
10. 精度 （Precision）	データに使用目的に応じて必要な精度があること。	・データの精度は適正に設定されているか ・データの精度がそろっているか ・データの精度が示されているか
11. 追跡可能性 （Traceability）	データに疑義が生じたりした時に、データの原典などを参照できること	・外部データが明確になっているか ・データの変更の際に、変更者、変更日などを記録しているか
12. 理解性 （Understandability）	データの項目を正しく理解して活用できること	・データ全体およびその各項目が意味するものを利用者が理解できるようになっているか ・データ全体や必要に応じてその各項目にメタデータが提供されているか ・共通語彙基盤のような意味を定めたものに関連付けがされているか
13. 可用性 （Availability）	データが必要な時に使えるようになっていること	・必要な時にいつでもデータにアクセスできるようになっているか ・データを公開するシステムは常時稼働しているか
14. 移植性 （Portability）	システムの入替えやシステム間の連係をする際に、データを簡易に移行できること	・標準的なフォーマットで出力できないソフトウエアに依存していないか ・データを管理するシステムから標準的な形式によりデータをエクスポートできるか
15. 回復性 （Recoverability）	データセンターなどで事故が起こったときに、そのデータが早急に復元できること	・データのバックアップが保存されているか ・システム障害が発生した場合であっても、継続してデータを提供するバックアップシステムが存在するか

出所：デジタル庁の資料を基に日経コンピュータ作成

どのような視点から評価・管理するかを整理しています。「正確性」「完全性」「一貫性」「信憑性」「最新性」など多岐の項目にわたります。

データ品質が低くなる問題の多くは、データの生成過程で生まれます。人がデータを入力する際の誤記や抜け漏れ、表記のゆらぎ、あるいはシステムや IoT（インターネット・オブ・シングズ）機器が出力するデータのフォーマットが標準化されていない、といったことがデータ品質の低下を招きます。

データ品質低下の問題に対処するには、短期的にはデータマネジメントに関わる組織が既存のデータについて改善しつつ、中長期的な対策としてデータを生成する業務部門、システム開発部門に働きかけて上流のデータ発生源の問題を解決するようにしていきます。データマネジメント組織は部門などを横断して改善活動ができるように、データの生成、変更、利用をする部署との関係性をもって、上位の役職者が調整機能を果たすことが求められます。

データ品質の項目のうち例えば最新性については、データを最新の状態にするために業務部門による対応が必要になる場合があります。顧客の住所や姓といったデータは、転居や婚姻などによって変わる可能性があるからです。

最新性のほか、正確性や完全性などの全ての品質評価項目に対応しようとすると、非現実的なコストがかかります。DMBOK などのフレームワークにおいても、網羅的に改善するのではなく、活用に不可欠な品質改善に絞り込むことを推奨しています。

データ品質の改善方法を検討するには、計数処理能力や IT 活用スキルが求められますが、改善対象を決める判断基準は経済性です。データ品質改善の判断にはビジネスセンスが求められます。エンジニアがビジネスセンスを身につけて判断するか、マネジャーが判断するようにします。

DMBOK などのフレームワークでは、データ品質管理のプロセスも定めていま

活用できるデータの範囲をイノベーションで広げる
図　データ品質とデータ活用の関係

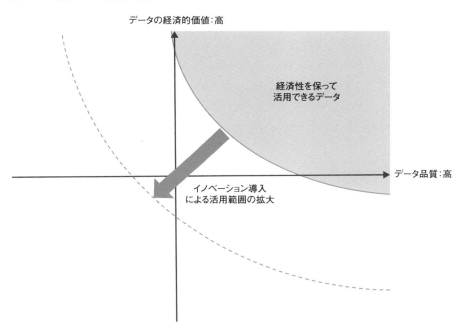

す。「アクティビティ」や「PDCA サイクル」といった要素です。活動内容を理解し、計画を立てる際の参考にするとよいでしょう。しかしフレームワークの通りに漏れなく活動しようとすると管理のオーバーヘッドが大きくなり、データ活用の足かせになりかねません。特にスモールスタートでデータ活用を始める場合はフレームワークにとらわれず、不可欠だと考えられるデータ品質管理の実務に絞ることを検討します。

ツールやサービスで品質向上

　データ活用によって継続して利益を上げるには、データ品質管理のコストを抑えることが重要です。継続してデータ活用に取り組もうとする企業にとっては、アドホックな改善ではなく、データ品質の管理に効果的な技術を導入することがコストを抑える近道です。専用のツールやサービス、AI（人工知能）の利用が挙

げられます。以下で紹介します。

IMI コンポーネントツール

　データに用いる文字や用語を共通化し、情報共有や活用を円滑にするための IMI（Infrastructure for Multilayer Interoperability、情報共有基盤）と呼ぶ基盤を経済産業省が情報処理推進機構（IPA）と協力して構築しています。「文字情報基盤」と「共通語彙基盤」があります。行政サービスの相互運用性の向上を図るために構築したものですが、民間の企業にとっても利用価値の高いツールを提供しています。

　その 1 つが「住所変換コンポーネント」です。表記方法が一定していない住所データの品質をチェックして、都道府県、市区町村、町名、丁、番地、号、建物以下などに正規化し、表記のゆれや一部の誤字を修正するツールです。筆者のグループで評価したところ、高い精度で正規化されることが確認できました。IMIには住所変換のほか、法人種別や電話番号、日付に対応するツールを公開しています。こうしたツールをデータ品質管理プロセスに組み込むことで、効率を上げられます。

SaaS、クラウドサービス

　AI（人工知能）やツール自体を組み込んで、データ品質を改善する目的で使われる SaaS（ソフトウエア・アズ・ア・サービス）が登場しています。SaaS が強みを発揮するのは法人情報や住所のように、自社が保有する正しいデータと突合したり、学習済み AI を利用して品質を改善したりする場合でしょう。住所、法人情報、個人情報などの一般的なデータに対応する SaaS が提供されています。独自にデータ品質を改善する仕組みをつくるよりも、素早く導入できます。

　クラウド事業者のサービスとしては米アマゾン・ウェブ・サービス（AWS）が提供する「AWS Glue Data Quality」が 2023 年 6 月から利用できるようになりました。AWS Glue Data Quality は、データカタログや ETL（抽出・変換・書き出し）機能を内包する「AWS Glue」の新機能の 1 つとして追加されました。

法人情報や住所のデータ品質改善に強みを発揮
図　SaaS 利用によるデータ品質改善の概要

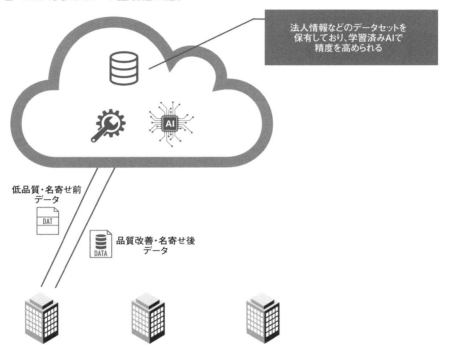

法人情報などのデータセットを
保有しており、学習済みAIで
精度を高められる

低品質・名寄せ前
データ

DAT

品質改善・名寄せ後
データ

DATA

AI：人工知能

　データチェックのための定義情報を設定すると、それに基づき対象データを自
動的にチェックしてリポートします。AWS Glue が ETL 処理をする際にもこの
機能を利用できます。これまではエンジニアがチェックコードを書いて実装して
いましたが、簡易な定義を設定するだけで可能になり、品質管理を効率化できま
す。従量課金で利用できるのも利点です。

　データ品質管理を仕組み化する際、チェックできる品質項目に制限がある点に
は注意が必要です。正確性、完全性、標準適合性といった形式的なチェックは仕
組み化するのに向きますが、意味的なチェックや内容の正確さ、データの関連性

に関わる評価の仕組み化は困難です。

　チェック内容はデータの仕様や求める品質基準を整理して定義します。ツールには、データを分析して形式や範囲などの統計を取る「データプロファイリング」機能が備わっています。一部のチェック内容については、AWS Glue Data Quality が実データをプロファイリングした結果から推奨してくれます。

　AWS Glue Data Quality は、AWS が管理するオープンソースソフトウエア（OSS）である「Deequ」を組み込んだマネージドサービスです。AWS 以外でもDeequ を利用することで独自にデータ品質チェックを実装できます。データ品質チェックの領域ではクラウド出現以前からデータ・プロファイリング・ツールが存在しています。主要製品はデータの加工もできるようになっており、データ品質チェックと修正（加工）を一貫して実行できます。

生成 AI

　テキストを生成するタイプの生成 AI をデータ品質管理のプロセスの各所で活用できます。品質を評価する際、データ・プロファイリング・ツールが得意としていない意味的な誤りやデータセット内での矛盾の有無などの判断に使えます。指示する内容を変えることで多様な視点で品質評価に使える点が専用ツールにはない強みです。専用ツールが対応していないデータに対しては生成 AI を活用するといった使い分けができます。

　これ以外にもデータ仕様を渡してデータ品質のチェックコードを生成する用途に使えます。データの品質評価プロセスをテストする際のデータ（正常値、境界値、異常値）を生成し、データ品質チェックの完成度を試す際にも利用できます。

　現状では各種ツールと生成 AI は利用者自身が使い分けてデータ品質管理のプロセスに取り入れる必要があります。いずれ生成 AI がツールに組み込まれて一体で利用できるようになると期待されます。

3-2

メタデータ管理の全体像
データカタログを活用して効率化

メタデータとはデータの意味や構造の情報を記述したデータである。
メタデータを管理するソリューションとしてデータカタログがある。
人やシステムがデータについての情報を管理、参照できるようにする。

メタデータとは、データの意味や構造に関する情報を記述したデータです。人が見て分かる情報のビジネスメタデータと、データを実装する環境上の情報であるテクニカルメタデータの 2 つのカテゴリーがあります。

データ分析を例に、メタデータの利用シーンを説明します。2-6 で、データ分析は探索型分析と仮説検証型分析に分かれると説明しました。探索型分析はインサイトの発見をゴールとしたデータ分析です。成果が出る「確からしさ」を短期、低コストで評価することが重要になります。アイデアを数多く出して確度の高いインサイトを発見するのが目的であり、試行錯誤を素早く繰り返せることに価値があります。確からしさの低いアイデアの有効性を確認するために、多くのコストや工数はかけられません。

こうした特性を満たすのが、ビジネスメタデータとデータ仮想化です。ビジネスメタデータが整理されていれば、データ分析のアイデアに対して、利用可能なデータがあるか（分析が可能か）を確認できます。ビジネスメタデータを見ながらアイデア出しもできるでしょう。メタデータは量が少なく、一般的にセキュリティー上の制約も多くありません。実データと比べて低コストに収集、蓄積、参照できます。使いやすく整理されたメタデータ管理の仕組みがあれば、探索型分析を低コストかつ高速に進める有用なツールになります。

この用途に利用できるソリューションがデータカタログです。データをカタロ

データの意味や構造に関する情報を記述

表　メタデータの概要

カテゴリ	項目	内容
ビジネスメタデータ	名称	データの内容を業務用語で表した名称
	説明	データの内容を人が読んで分かるように記述した説明文
	データソース	データの来歴を示す情報。派生データがどのデータセットを元にしているかなどを記述
	データ分布	実データの分布。最大・最小値、平均値、ユニークな値の数など、データの特徴を大づかみで理解できる情報
	オーナー	データの所有者。ビジネスメタデータは原則としてオーナーが管理
	タグ、ラベル	個人情報、売上高実績などデータセットの種類を示す情報
	用途	どのような利用に適しているかを説明、例示した情報
	コメント	データセットの利用者からのフィードバックコメント。「いいね」の数など
テクニカルメタデータ	名称	実装環境上で識別しやすくしたストレージやデータベースに配置する際のオブジェクトやカラムの名称
	データ型	文字列、整数、日付など。表現形式（日付：2023 年 07 月 20 日、など）の指定
	キー情報	データを一意に表すキーの情報
	制約	データが取り得る値や範囲についての条件　例）NULL 値を許容しない。0,1 のいずれか
	アクセス権	ユーザー、ロールに付与されている参照、更新の権限

グのように整理して検索できるようにした情報系のサービスです。メタデータを一元管理して、人やシステムがデータについての情報を管理、参照できるようにします。本記事では、メタデータ管理業務を説明した上で、データカタログを含むクラウドサービスでどのように効率よく管理するかを解説します。

用途が異なるビジネスとテクニカル

　探索型分析の1次分析や、仮説検証型分析では、テクニカルメタデータも利用します。実データを使った分析では、まずデータセットが実装されている環境やその状態を確認します。その後アクセス権限を調整して、データ型やキー情報を参考にしながら分析クエリーを発行します。このときテクニカルメタデータを参照しながら環境面の調整、設定作業をしていきます。テクニカルメタデータを管理するソリューションも、やはりデータカタログです。

ビジネスメタデータは探索型分析で利用

図　探索型分析と仮説検証型分析の概要

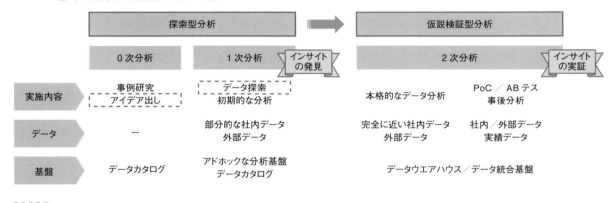

└─────┘ データカタログでビジネスメタデータを利用する作業

PoC：概念実証

　しかしビジネスメタデータとテクニカルメタデータは、用途や利用者の属性が異なります。ビジネスメタデータを利用するのはデータの消費者です。DX（デジタルトランスフォーメーション）が進むにつれて、データサイエンティストのようなエンジニアだけでなく、ビジネスサイドを含めた一般社員が多くなります。社内の一般用語で分かりやすく表現する必要があります。ITリテラシーがそれぞれ異なるため、直感的に利用できるUI（ユーザーインターフェース）が求められます。

　一方、テクニカルメタデータは主にエンジニアが利用します。使いやすいUIよりも、一貫性や正確さ、自動管理といった特性に重きが置かれます。

　このような違いがあるため、ビジネスメタデータとテクニカルメタデータの両方に強みを持つサービスやツールは少なく、使い分けるのが現実解です。

データカタログが必要とされる理由

　データドリブン経営の実現には、全社員がデータにアクセスできて、データを

利用した意思決定ができるように「データの民主化」を進めることが必要との認識が広まっています。データへのアクセシビリティーを支える重要なパーツがデータカタログであり、データカタログが近年注目されている理由です。

データカタログの必要性が認識されるもう1つの理由は、データと利用者の増大です。データが多種多様になり、データセットの数が増えています。データ利用者も非エンジニアに広がっており、利用可能なデータを探しやすくするシステムが求められています。活用を検討するデータセット数が少なく変化が小さければ、「wiki」や「Confluence」「Excel」などのツールで静的情報を更新する運用で十分事足ります。システム化のメリットを感じられる状態になってからデータカタログの導入を検討してもいいでしょう。

メタデータ管理業務とクラウドサービス

メタデータ管理は「DMBOK（Data Management Body of Knowledge）2」でも1つの独立したデータマネジメント領域として定められています。メタデータ管理業務には複数の作業項目があります。データの変更が起こりやすく、管理作業の工数が増える傾向にあるDXでは、クラウドサービスを利用して自動管理を実現し、効率化します。クラウドで提供されるサービスの多くがテクニカルメタデータの自動管理を得意としています。

メタデータ管理の業務には2つの目的があります。データ活用においてデータの利用者が組織内のデータについての理解を深めるため、もう1つはエンジニアやシステムが実装されているデータを認識・管理できるようにするため——です。以下、メタデータ管理の業務を見ていきます。

メタデータの定義

メタデータの利用者とユースケースを洗い出し、組織が管理、利用するメタデータ項目を定義します。メタデータの具体的項目のうち何を管理するかを決める作業です。例えばビジネスメタデータとしては名称、説明などは必要だが、用途、コメントは利用しない、といったことです。

クラウドサービスでメタデータ管理

図　メタデータ管理業務をクラウド環境での構成にマッピングした例

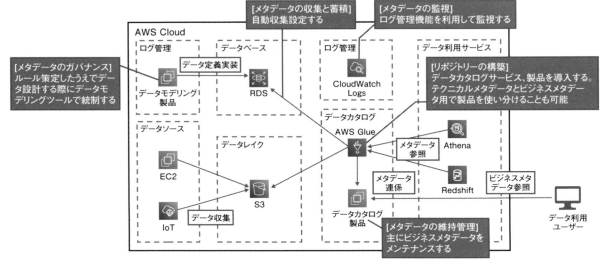

AWS：Amazon Web Services
EC2：Amazon Elastic Compute Cloud
IoT：AWS IoT
RDS：Amazon Relational Database Service

S3：Amazon Simple Storage Service
CloudWatch Logs：Amazon CloudWatch Logs
Athena：Amazon Athena
Redshift：Amazon Redshift

　ユースケースが想定しにくい状態では、考え得るメタデータをすべて定義したくなりますが、必要性を検討せず網羅的に定義するのは慎重になるべきです。用途、フィードバックコメント、データソースなどの付加的な情報については、組織内で利用する頻度が高くなるかどうかを検討します。メタデータを維持するのはデータのオーナーとなるビジネスサイドにも負担をかけます。多くの情報に対応できるソリューションは高額です。将来的な拡張性や移行性を確保しつつ、必要最小限の範囲から始める選択肢も検討しましょう。

　検討に際してはデータカタログなどのソリューションに関する知識と、メタデータの網羅性が上がるとどの程度負担が増えるかといったコスト感覚を持つのが有用です。社外から情報収集するか、試用するなどして得たナレッジを判断材料にします。メタデータの定義は人の管理業務であり、他の作業項目に大きな影響を

与えます。

リポジトリーの構築

　メタデータを収集、蓄積して参照できるようリポジトリーを構築します。リポジトリーを具体的なソリューションにしたのがデータカタログです。データカタログ製品は、一元管理できること、運用の手間が少ないこと、そしてビジネスメタデータの管理性と使い勝手を基準に選びます。クラウドサービスの場合、基盤運用を自動化したマネージドサービスとしてテクニカルメタデータの自動収集に対応したデータカタログサービスがあります。

　Amazon Web Services（AWS）を例に取ると「AWS Glue」がデータカタログのサービスに該当します。他のパブリッククラウド事業者のサービスやサードパーティー製品も、テクニカルメタデータを自動収集する機能を備えています。自動収集のための環境構築には手間がかかることがあります。セキュリティー上の理由でデータカタログ製品からは直接アクセスできない場所にデータを置いている場合、ローカル環境でメタデータを収集してデータカタログサービスに転送するエージェントやプロキシなどのコンポーネントの追加が必要なケースがあります。

　パブリッククラウド事業者が有利なのは他のサービスとの連係をサポートしていることです。AWSの場合、構造化・非構造化データのアドホック分析でよく利用されるサービスの「Amazon Athena」がAWS Glueのテクニカルメタデータを認識し、自動的にユーザーがアクセスできる状態になります。

　ビジネスメタデータで最も重要なのは使い勝手です。DXを進めると利用者としてエンジニア、非エンジニアが混在してきます。特に非エンジニアでも利用可能かどうかをサービス選定時には評価します。データカタログのサービス／製品には、パブリッククラウドのコンソールのように、エンジニア向けのUIにしている場合が少なくないからです。

データカタログにサードパーティー製品を利用する利点は、複数のパブリッククラウドやオンプレミスを併用する際、横断的な使い方ができることです。ただし、パブリッククラウドサービスでも他のデータソースへの対応を広げています。サードパーティー製品の多くは、非エンジニアにとって使い勝手の良い UI を備えており、この点も利点として挙げられます。

メタデータの収集と蓄積

テクニカルメタデータについては、主要なデータカタログのサービスや製品を導入し、自動収集の設定をすれば、利用者の負担は非常に小さくなります。設定内容は、収集先への接続情報、収集周期、変更時の動作（削除時にデータカタログから削除するかなど）、ログ出力内容などです。ビジネスメタデータは人が入力します。ビジネスメタデータは人が整理する必要があり、タグなど一部を除くと今後も自動化は困難でしょう。

ビジネスメタデータの収集と蓄積に、メタデータ管理業務の多くの工数が割かれます。ビジネスメタデータの収集・蓄積対象とするデータセットの範囲は、当面利用が見込まれる範囲としてむやみに広げすぎないようにします。ガバナンスと合わせて収集、変更管理のプロセスやルールを検討します。

メタデータの維持管理

メタデータの追加や変更時に最新の状態を維持します。前述のようにテクニカルメタデータは自動更新されます。メタデータ管理は継続的な業務であり、運用の工数と予算を取って維持管理のプロセスを実行します。運用を見据えたメタデータの定義が重要です。メタデータ収集、維持管理の対象範囲についても検討します。データオーナーとなる各事業部門に負担をかけるため一気に全社展開するのは現実的ではありません。DX のテーマと歩調を合わせてスコープを設定するとよいでしょう。

メタデータの利用者管理

ユーザーのアクセス権限を管理します。主要なデータカタログサービス／製品

はシングルサインオンに対応しています。認証サービスとデータカタログ製品を連係して管理します。権限管理の機能については、製品によってその可否と粒度が異なります。

　大半の製品は、グループごとといった単位でアクセスできるメタデータを定義できますが、「データの民主化」を強く打ち出す製品の場合、参照範囲を制限するのが難しいものもあります。自社のユースケースに合うかどうか確認が必要です。メタデータの利用者管理は、データマネジメント組織が担当します。

メタデータのガバナンス

　メタデータにも品質があります。同じデータを異なる用語で表現したり、異なるデータを同じ用語で表したりといった混乱はよく起こる問題です。部門によって「顧客」や「価格」の意味するものが異なるケースはよくあります。メタデータは統制が不可欠で、多くの場合、用語の統一から始めます。

　テクニカルメタデータのうち、特に定型データのガバナンスの実現には、データモデリングツールと呼ぶカテゴリーの製品の導入が有効です。辞書管理して登録されていない用語は利用できないようにするなど統制を働きやすくします。

　データモデリングツールはデータを設計する際に利用するものであり、ここで作成したデータのメタデータを参照できるようにするのがデータカタログです。テクニカルメタデータはこうしたガバナンスのためのツール類があるのに対して、ビジネスメタデータの領域では統制のルールを定義、適用できる製品はまだ少ないのが現状です。

　ガバナンスではその他、データオーナーの決定、セキュリティーとアクセス権限のポリシー定義、変更管理ルールを定めます。メタデータの定義と並んで人の管理業務が主体となります。データセットおよび利用者の増加や、セキュリティーに配慮が必要なメタデータを利用する際にガバナンスの必要性が増します。

メタデータの監視

　メタデータのガバナンスが有効に働いているかどうかを監視します。メタデータが正常に収集できているか、メタデータへのアクセスが権限に沿ったものかを監視・検知して対処します。データカタログ製品のログ管理機能を使います。ガバナンスの仕組みについては 3-3 で説明します。

3-3

活用広がり注目のデータガバナンス マネジメントの「統制」を担当

データ活用の広がりによってデータガバナンスの注目が高まっている。
データガバナンスはデータマネジメント業務の執行ではなく統制を担当する。
データガバナンスの効果的・効率的な実行をサポートするクラウドサービスが出ている。

　データガバナンスは、データマネジメントの中でも特殊な領域です。DAMA（Data Management Association）によるデータマネジメント業務を体系化したフレームワーク「DMBOK（Data Management Body of Knowledge）2」の「ホイール」では円の中心に位置しています。他のデータマネジメント領域を統制する位置付けになっています。

　他のデータマネジメント領域が実務の実行を担当しているのに対し、データガバナンスは統制を担っています。企業統治における業務の執行（実務の実行）と統制の分離に似た構造です。企業では執行役員以下が事業部門での実務を執行して、取締役会が経営層として監視・統制します。DMBOK2では企業統治と同様な考え方でデータマネジメントにおいて執行と統制を分離して捉えるフレームワークとなっています。

データガバナンスの意義

　データガバナンスが注目されている背景には、データ活用の広がり、DX（デジタルトランスフォーメーション）の進展があります。多様なデータを多くの社員が活用するようになると、統制をかける必要性が出てきます。よくある例はデータ分析システムの乱立です。統制をかけずにデータ活用を検討した結果、似たような分析システムが複数できて重複投資になることがあります。

データマネジメントの活動を統制
図　データガバナンスの位置付け(出所:DMBOK2)

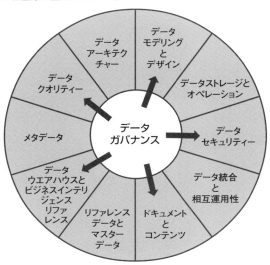

　ガバナンスの欠如はデータ統合にも支障を来します。例えばデータ設計が統一されていないと、データを統合して横串で分析するといったことに多大なコストがかかってしまいます。

　このような問題を解決し、未然に防ぐのがデータガバナンスの意義です。安全で効果的なデータ活用を進められるように、統制の戦略やルールを定めて組織横断でデータを管理します。目的はデータ活用の効果を最大にしながらネガティブな問題の発生を抑えることです。データ活用のスピードを落としすぎたり、手間やコストをかけすぎたりする統制のかけ方では、データガバナンスの目的を果たしているとはいえません。

　このデータガバナンス分野でもクラウドの活用が進みつつあります。データガバナンスの効果的・効率的な実行をサポートするようなクラウドサービスが出てきています。クラウドでもこの領域はまだ新しく、今後の充実が期待されます。データガバナンスの内容と取り組みについて説明したうえで、クラウドサービス

の活用についても以下で触れていきます。

いつ、どのように取り組むか

DMBOK2 がデータマネジメントにおいて執行と統制を分離して捉えるフレームワークだと説明しましたが、執行と統制を分離するアイデアはどのような組織にでも当てはまるというわけではありません。どの程度本格的に取り入れるかは慎重に検討すべきです。

例えばスタートアップでは、執行と統制の分離をあえて進めずに、経営陣が業務執行も担ってスピーディーな事業展開を目指すことが多いでしょう。このような企業では、データマネジメントでも執行と統制をあまり分離せずに組織体制とプロセスを設計したほうが合うはずです。企業の成長の段階に応じて徐々に分離できます。一方で多くの事業部門を擁する大手企業にとって執行と統制の分離はなじんでおり、データマネジメントにおいても同様です。

筆者の経験では、企業文化がデータガバナンスのスタイルに大きく影響します。企業規模や組織構造という要素に加えて、データ活用とコンプライアンスのバランスをどう取るかといったスタンスの違いが影響を与えます。

データの「民主化」を追求して自由なデータ活用を進める方針の企業と、規制業種で法令順守やセキュリティーという守りを固めながらデータ活用することが求められる企業では、適したデータガバナンスの取り組み方は異なります。唯一の正しいデータガバナンスのスタイルといったものはなく、自社の企業文化や統制に関わるスタンスに合わせてアレンジします。

データガバナンスを実行するタイミングも検討が必要です。その際、前述したDMBOK のホイールが示す各分野の関係性を階層構造で示したフレームワークが参考になります。

このフレームワークを考えた DAMA-International 会長の Peter Aiken（ピー

データマネジメントの活動の基礎

図　順序性や依存関係を考慮したデータガバナンスの位置付け(出所:DMBOK2)

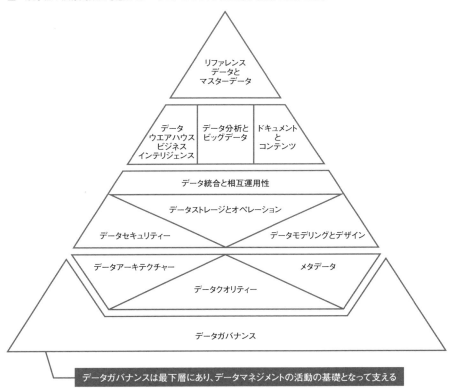

ター・エイキン）氏は2つの意図を込めているといいます。1つは、データガバナンスの実施は順番として最初に取り組むものではないということです。データ活用のために三角形の階層の中心に位置する領域から着手し、活用が進んで統制の必要性が高まってからデータガバナンスを始めるとの認識を示しています。

　もう1つはデータガバナンスが、データマネジメント全体を支える役割になるとの認識です。データマネジメント業務を設計して進歩させる指針を示して、管理面で支えていきます。

　データガバナンスは統制であり、トップダウンでのアプローチです。最初にデータガバナンスの戦略や指針をつくって計画的にデータマネジメント業務を進めるのが理想のように思えます。しかしデータ活用は試行錯誤が必要な作業であり、どのような統制をかける必要性があるかを最初から見通すのは困難です。

　多くの企業にとってデータガバナンスを始めるタイミングは、データ活用で成果を得る過程で、統制をかける必要性を認識してからで十分です。始める際も、データガバナンスの活動すべてではなく、必要性の高いものからメリハリをつけて始めます。例えばセキュリティーとコンプライアンスのルールを初期に作成して、徐々にスコープを広げるという方法です。

データガバナンスのステップ

　前述のフレームワークを意識したデータガバナンスを進めるステップと、その内容を説明します。

(1) 現状分析

　ガバナンスに関わる課題とリスクを抽出します。データ活用に支障を来している事象とその原因を分析します。現在は大きな問題にはなっていないものの、今後のリスクとして考えられるものを合わせて整理します。データガバナンスが机上の空論ではなく、地に足のついた業務とするための大切な作業です。次のステップであるべき姿を描きますが、現実の課題やリスクの解決につながるかどうかを検討する材料になります。現状を漏れなく把握するために 1-3 で紹介したデータマネジメント成熟度モデルも利用できます。

(2) 戦略と施策の策定

　データガバナンスのゴールと、そこに至る戦略を検討します。できるだけ少ない労力とコストで成果を得る方策を考えます。すべての課題を完全に解決するのは難しく、重要な目標に集中するほうが良い結果を得られます。課題の解決策や施策のアイデアを出して具体化するのは経験値がものをいいます。事例やソリューションの情報収集のほか、経験者を組織内に入れる検討をします。

　統制に関わるソリューションは、やってみて初めて現実に合わない点が見つかりやすく、失敗のリスクがやや高めの領域です。試用、PoC（概念実証）して本格導入する方法も検討します。

　施策には、データマネジメントに関わる組織設計とチェンジマネジメントも含みます。データマネジメント組織を構築して成長させる計画や、データ共有・活用する文化を組織内に広める戦略も担います。組織については1-2、1-3で解説しています。

（3）ルールと標準の作成と定着

　データガバナンスを具体化するためにガバナンスのポリシー、管理ルール、設計方式やプロセスの標準、用語集などを作成します。作業のやり方を変えることになるため、定着までのフォローアップが大切です。データガバナンスは継続的な業務で、定着まで見据えた統制の仕組みの検討とフォロー体制を用意します。1つひとつの施策を実行して定着させるのは予想以上に労力がかかるケースがあります。このステップで具体化を検討して困難が予想される場合は修正も考えます。

（4）モニタリングとフィードバック

　定着後も、統制が取れているかを継続してモニタリングします。セキュリティーやコンプライアンスに関わるルール違反は早期に検知して対処する必要があります。設計や実装の品質についてもレビューのタイミングを設けるなどして、標準やプロセスからの逸脱を検知、修正できるようにします。統制の実効性を担保するには、モニタリングの仕組みが機能している必要があります。工数が膨らみやすい作業ですが、クラウドサービスを活用して効率を上げられます。

　データ活用の成熟度を上げるには、データガバナンスの成熟度を上げることも欠かせません。（1）から繰り返し実行して段階的に成熟度を高めていきます。

データガバナンスプラットフォーム

　データガバナンスで重要な業務はいずれも「考える」作業で、知見を持つ経験

データソースとの間に「Immuta」の層を入れる

図　Immutaによるデータセキュリティー管理の概要（出所:Immutaドキュメントを基に筆者が作成）

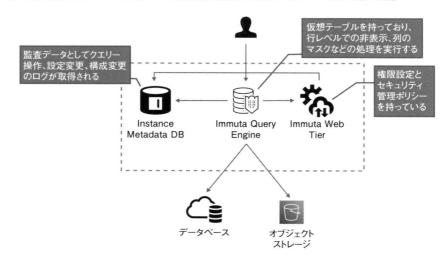

者の存在が欠かせません。統制の実行段階になると、そこで利用できる新たなク
ラウドサービスが登場しており、活用することで業務の効率アップにつながります。

　近年、データガバナンスに利用できるプラットフォームといえるサービスが出
てきています。新しい領域であり、製品によってカバーする範囲やコンセプトが
異なっており、同じ比較軸での評価は現状難しいところです。ただ、その中でも
機能が充実しており、既存のクラウドサービスとの連係が進んでいるのが米イ
ミュータの「Immuta」というサービスです。今後類似したサービスが出てくる
ものと思われます。

　Immuta は「データセキュリティープラットフォーム」というコンセプトで提
供されています。Immuta はデータにアクセスするクライアントと、データストア
（データベースやオブジェクトストレージなどのサービス）の間に位置します。ク
ライアントからの接続先をデータソースではなく Immuta にします。Immuta で
はデータソースにどのようなデータがあるのかを示すメタデータを収集・格納し

ており、ユーザー情報とアクセス権限を管理します。データ仮想化で紹介した製品群のアーキテクチャーと似ています。

　データ仮想化と異なるのは、NIST（米国立標準技術研究所）が定めているサイバーセキュリティーフレームワークを満たすことを意識してつくられており、データセキュリティーとコントロールに重きを置いた機能構成になっている点です。Immutaが提供する機能は次の通りです。

機密データの検出

　個人情報などを識別してタグ付けします。

アクセス制御

　アクセス可能なデータをカラムや行のレベルでコントロールできます。機密情報の動的なマスキングも可能です。

監査

　アクセス行動履歴を蓄積、分析するセキュリティー管理機能を提供します。

　このように、データセキュリティーの領域で現状分析、対策の実施、モニタリングが各ステップで利用できます。ガバナンスのルールをシステム上に組み込むことが可能で、統制の一部を自動化するメリットがあります。一方でデメリットとしては、Immutaに障害が発生すると稼働率に影響を及ぼすこと、性能が落ちる可能性があること、コストの増加が挙げられます。コストについては管理工数とのトレードオフになります。

ログ管理

　クラウドではログの統合管理と分析が進んでいます。OS、アプリケーション、データベースアクセス、システムイベント、セキュリティーなどの多様なログを一元管理して、関連付けた分析ができるようになってきました。

　主要なパブリッククラウドの場合、既にログ管理サービスが一般的に利用されています。米アマゾン・ウェブ・サービス（AWS）の「Amazon CloudWatchLogs」、米グーグルの「Cloud Logging」などです。他のサービスで発生したイベントと連係できるほか、API（アプリケーション・プログラミング・インターフェース）を通してアプリケーションログの蓄積もできます。収集したログは、ログ管理サービスに組み込まれた分析機能や、AWS の「Amazon Athena」、グーグルの「BigQuery」を使って分析できます。

　サードパーティー製のサービスにも多くの選択肢があります。システム運用管理者が利用するシステムイベントの管理に向いたサービス、セキュリティー管理者が利用するセキュリティーログの管理を得意とするサービスなどがあります。限られた工数でガバナンスを実行するにはログ管理と分析、リポーティングの効率化が重要です。ガバナンスの目的と管理業務に合ったものを選びます。

▍3-4

マネジメント領域のデータセキュリティー「ガードレール」でデータ基盤を安全に

データセキュリティーは「情報資産の保護」と定義されるマネジメント領域である。
セキュリティーポリシーを定めてデータおよびデータ基盤を安全に保つ。
そのための施策を実行し、ポリシーが守られているかを監査する。

　データセキュリティーは、「DMBOK（Data Management Body of Knowledge）2」において「情報資産の保護」と定義されているデータマネジメント領域に該当します。セキュリティーポリシーを定めてデータおよびデータ基盤を安全に保つ施策を実行し、ポリシーが守られているかを監査します。

　3-4 ではデータ基盤のセキュリティーに焦点を当て、データそのもののセキュリティーについては 3-5 で解説します。

データセキュリティー業務の3つのプロセス

　DMBOK2 では、データセキュリティー業務を以下の 3 つのプロセスで説明しています。

（1）戦略立案
　活用するデータの機密性、リスク、自社が守るべき法令などを基に、データセキュリティー方針を策定します。DX で活用対象と想定するデータがどの範囲になるか、求められる機密性や法令を調査、DX 担当部署やセキュリティー担当部署と協議して策定します。

（2）対策の設計と実行
　データセキュリティー戦略を元にして、具体的な対策を計画、設計します。

（3）評価と改善

データセキュリティー対策の実行結果を評価、改善策を検討して次の対策実行につなげます。

3-3で説明したデータガバナンスのプロセスと似ていることが分かります。実際、データガバナンスの重要な対象がデータセキュリティーとなり、関連性が高い領域です。データガバナンスと同様、最初から網羅的な対策を目指すのではなく、必須のセキュリティー対策を中心にDX（デジタルトランスフォーメーション）の進展を妨げないよう配慮して、段階的に成熟度を上げることをお勧めします。

データセキュリティーのゴールと意義

DXの実践において、データセキュリティーの意義は安心してデータを活用できるようにすることです。データセキュリティー対策は機密情報をより安全に、より広範囲に利用できる環境をつくることにつながり、DXでのデータ活用を進める効果があります。

そのためにはセキュリティー維持と自由なデータ活用の両立を図るよう計画します。データセキュリティーの維持ばかりを意識してルールや管理の仕組みをつくるとデータやデータ基盤の使い勝手が悪くなり、データ活用のスピードを落とすことになりかねません。

一方、データセキュリティーの施策に抜け漏れが多いと、リスクを避けるために、社内で広く活用することが躊躇（ちゅうちょ）されます。クラウドサービスをうまく利用して、データ活用のスピードを落としすぎず、安全性を確保できるような施策を取ります。

ガードレールによるコントロール

自由な環境の利用を促しながら、セキュリティーポリシーに違反する使い方だけに制約をかけたり、検知したりするセキュリティー管理のアプローチをガードレール型と呼びます。DXにおけるデータセキュリティーに合う考え方です。

DXのデータセキュリティーに合う「ガードレール」

表　ガードレール型とゲート型の概要

	ガードレール型	ゲート型（従来型）
アプローチ	セキュリティーの制限を設定して、その範囲内で柔軟な環境の利用を認めるアプローチ。やってはいけない操作をガードレールとして予防的に定義し、ガードレール範囲内の操作のセキュリティーリスクを受容したうえで事後チェックする	承認プロセスを通じて、許可された変更や操作のみを認めるアプローチ。セキュリティー管理組織がゲートとして機能し、事前にリスクを評価して、問題ないと判断された操作がゲートを通過できる
柔軟性	高い。ガードレールの範囲内で自由に変更、利用できる	低い。承認を得るまで変更や利用はできない
スピード	速い。ガードレールの範囲内であれば制約なく変更、操作ができる	遅くなる可能性がある。新規性のある変更や操作は承認プロセスを経るまで実行できない
運用コスト	比較的低い。ガードレールの設計が不十分だと事後チェックに工数がかかる場合がある	比較的高い。承認プロセスを実行し続ける必要がある
主な適用ケース	変化が発生しやすい環境。開発、PoC環境	基幹システムなど変更の少ない環境。非常に機密性、重要性の高いデータを扱う環境

PoC：概念実証

DXでは探索型分析やPoC（概念実証）を繰り返すことが多く、活用するデータや環境が変わりやすい性質があります。ガードレール型であれば、セキュリティーポリシー違反にならない範囲でDX担当者が素早く環境やデータを利用できるため、DXの先行企業で取り入れられています。

ガードレール型ではないアプローチをゲート型と呼びます。許可された環境やデータのみ利用できます。新たな環境やデータを使って検証する際、管理者の承認を得て環境の払い出しを受けるリードタイムがかかり、DXのスピードを落とすことになります。

データセキュリティー領域を含むセキュリティーの分野には、一般的に予防的統制と発見的統制という2種類の統制方法があります。ガードレール型に当てはめると、予防的ガードレールと発見的ガードレールです。

予防的ガードレールは、やってはいけないこと、またはやっていいことをあら

かじめ定め、セキュリティー違反の発生を防止することです。発見的ガードレールは、セキュリティー違反を事後チェックして発見、対処できるようにすることです。予防はできませんが、発見可能であると示すことで意図的な機密データ流出などを抑止する効果が得られます。予防が困難なセキュリティーリスクにも対処できます。

　予防的ガードレールでは対応しにくい課題として、例えば個人情報を大量に参照している処理を検知して、その内容によって流出のリスクを判断したい場合があります。データ参照件数を制限できるデータ基盤はほとんどないため技術的に困難です。このような場合は参照処理のログを取得して、ログの中に記録されているデータ参照件数がしきい値を超えた際に通知するか、定期的に分析してリポートを確認して対処します。

　発見的ガードレールの多くは、ログを取得・分析するか、設定をチェックすることで実現します。予防的ガードレールと発見的ガードレールは排他的なものではありません。双方の利点を生かせるように組み合わせてセキュリティーを管理します。

多層防御とクラウドにおけるガードレール

　データセキュリティーでもう1つ重要な考え方が多層防御です。データにアクセスするまでの「認証」「経路」「データ」のそれぞれの層でセキュリティー対策を施してデータを守ります。

　クラウドでは多層防御の各層で、ガードレールによるコントロールをサポートする多様な機能を備えます。Amazon Web Services（AWS）で幾つか例を挙げると、アカウントの権限管理、設定時のチェック機構、暗号化、監査があります。主要なパブリッククラウドは同様の機能をサポートしています。

　アカウントの権限管理は多くの製品やサービスに実装されており、一般的なものといえます。権限の集合をユーザー定義の「ロール」としてまとめ、各アカウ

多層でセキュリティー対策を施す

図　多層防御の概要

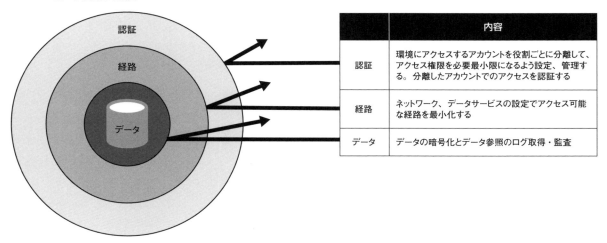

	内容
認証	環境にアクセスするアカウントを役割ごとに分離して、アクセス権限を必要最小限になるよう設定、管理する。分離したアカウントでのアクセスを認証する
経路	ネットワーク、データサービスの設定でアクセス可能な経路を最小化する
データ	データの暗号化とデータ参照のログ取得・監査

ントに付与します。権限の範囲内で自由に環境を操作できる予防的ガードレールの基礎となる仕組みです。

　ロールを介さず、全てのアカウントの権限を一括で制限できる「AWS Organizations（Organizations）」のSCP（Service Control Policy）という機能もあります。多くの環境が作成されてアカウントやロールが多くなった際、ロールを変更管理するのは煩雑になります。SCPは組織全体のアカウントを管理するOrganizationsの1機能であり、組織に対して制限を管理できる利点があります。アカウントやロールの数が多くなった際のガードレールとしての利用に適しており、必要になってから利用することもできます。

　設定時のチェック機構は比較的新しい機能です。「AWS CloudFormation（CloudFormation）」で「Amazon S3（S3）」の環境を作成する例で説明します。CloudFormationはAWSのインフラ環境をテンプレートやコードによって定義し、管理するサービスです。テンプレートやコードにすることで再利用可能になり作業ミスの発生を抑えられます。正しく利用すれば品質、スピード、コストを

ガードレール型によるコントロールをサポート

図　Amazon Web Servicesのサービスを用いた多層防御の例

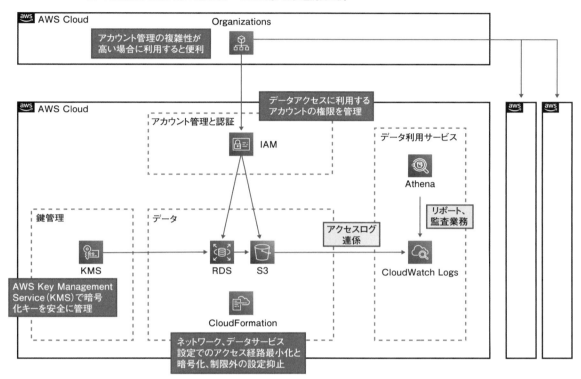

AWS：Amazon Web Services
Organizations：AWS Organizations
IAM：AWS Identity and Access Management
KMS：AWS Key Management Service
RDS：Amazon Relational Database Service

S3：Amazon Simple Storage Service
CloudFormation：AWS CloudFormation
Athena：Amazon Athena
CloudWatch Logs：Amazon CloudWatch Logs

同時に改善できます。

　CloudFormationでは、S3のバケット（データを入れる器）を作成・更新する際に「CloudFormation Hooks」という機能でイベント処理を実行できるようになっています。処理の内容は「CloudFormation guard rule」という機能に記述します。利用者が自由にコードを書けるようになっています。

　この仕組みによって、作成しようとしている S3 バケットの設定をチェックし、不許可の範囲に公開される設定になっていたら作成を中断する、といった実装ができます。こうすることで、ユーザーに S3 を自由に作成・変更してもらいつつ、予防的ガードレールをきかせることができます。

　CloudFormation Hooks は S3 以外の様々なサービスで利用でき、コードを変えることでチェック内容を柔軟にカスタマイズできます。ただし、CloudFormation に依存した機能であり、CloudFormation を使わずにコンソールなどで S3 を設定する場合には機能させることはできません。リソースの作成と更新を CloudFormation で実行するというルールと合わせて適用するものです。

　ログは以前の回でも出てきたように、パブリッククラウドでは統合管理できるログ管理サービスがすでに一般的に利用されています。データ基盤を構成する各データサービスが出力するログは、通常データサービスの設定を調整するだけでログ管理サービスに自動連係されて集約できます。自動連係されないログはログ管理サービスの API（アプリケーション・プログラミング・インターフェース）を介して蓄積できます。

　蓄積されたログを監査業務に利用します。監査では、データ基盤やデータに対する疑わしいアクセスがないかどうかをチェックします。緊急性が高く、決まったロジックで抽出できる場合は通知のルールを設定して比較的短時間で通知を出せます。ログに対してあらかじめ決まったリポートを出力して確認するか、アドホックな分析をして不正アクセスを発見します。

　クラウドの場合、こうした用途を大きく強化しています。主要なパブリッククラウドのログ管理サービスは、データ分析サービスと連係して利用できるようになっています。特別な分析システムをつくり込まなくても、リポートや分析ができる利点があります。従来、オンプレミスではログの統合管理とリポートは高額な製品をセキュリティー管理用のサーバーに導入して利用していました。コストを

かけられる一部システムでの利用にとどまっていた機能が、クラウドでは利用時間やログ容量による従量課金で劇的に安く簡易に利用できるようになっています。

各種法令や基準に準拠

　クラウドを利用することで各種認証や基準に準拠・対応できるメリットもあります。パブリッククラウドは「ISO27001（ISMS）」「ISO27017」「SOC1 ／ SOC2 ／ SOC3」「PCI DSS（Payment Card Industry Data Security Standard）」など多くの認証に対応しています。クラウド事業者が管理する領域（PssS では OS、ミドルウエアを含む）はクラウド事業者の責任範囲となります。各種認証の証明書を受領して対応済みとすることができるため、対応コストと時間を節約できます。

　クラウドではより高度なデータセキュリティーを低コストで実現できるようになってきています。セキュリティー系サービスの利用が進み、システムに求められるセキュリティーレベルの期待値も上がってきています。機密データを扱うデータ基盤では、これまで挙げた対策の多くは、「やっていて当然」と考えられるようになっています。データセキュリティー対策のボトルネックはいまや機能やコストよりもノウハウです。クラウドで利用可能なデータセキュリティー対策を理解し、自社の状況に応じて最適な使い方がすることが重要です。

3-5

データ自体をセキュアに
短期間・低コストで活用進める

データ活用を進めるには短期間・低コストでセキュリティーを確保する必要がある。
そのためにはデータそのもののセキュリティーの向上が有効である。
データ自体をセキュアにする様々な手法が存在する。

　セキュリティーの確保はデータ活用を進める前提となります。3-4 ではデータ
セキュリティーの定義や業務プロセス、データ基盤のセキュリティーを中心に説
明しました。データ基盤のセキュリティー向上には「ガードレール」や多層防御
のための仕組みを検討、導入する必要があります。

　その際、データの機密性が高いほどデータ基盤のセキュリティーレベルを高く
しなければならず、時間とコストがかかります。データ活用を加速するには、デー
タセキュリティーを短期間・低コストで実現したいところです。そのためには、
データ自体のセキュリティー向上が有効です。

データをセキュアにして開発生産性を保つ

　データ活用の加速を目的とした場合、セキュリティーのために発生する時間と
コストをできるだけ低減させること、そして社内のできるだけ多くのメンバーが
データを利用できる状態にすることが重要です。

　この要求を満たすためにデータそのものをセキュアにすることを検討します。
代表的な方法は匿名化です。匿名化は、2017 年に法改正された個人情報保護法
で登場した概念です。改正個人情報保護法の第 36 条第 1 項、規則第 19 条で定め
られた基準に従えば、「匿名加工情報」として認められ、本人の同意なく利用でき、
外部にも提供できます。個人を特定できないように一意に識別できる情報を不可
逆的にマスクしたり変換したりして実現します。匿名化したデータは個人情報と

厳重にセキュリティー管理する範囲を最小化

図　個人情報のセキュリティー管理の概要

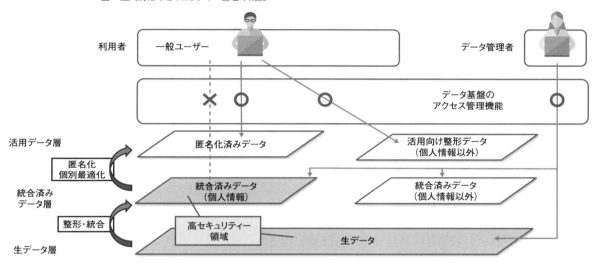

データ層	内容	参照可能ユーザー	セキュリティー管理
活用データ層	データ分析・活用の目的に応じた形式にしたデータを格納する。個人情報は匿名化して格納する	一般ユーザー	セキュリティーレベルを下げて広く開放する
統合済みデータ層	生データを整形・名寄せなどの統合処理をして利用しやすい状態にして格納する	データ管理ユーザー	アクセス可能なメンバーを管理者など少数に絞る。アクセス可能な端末／ネットワーク経路などの物理セキュリティー、監査などの統制を厳重に管理する
生データ層	取り込んだそのままの状態のデータを格納する	データ管理ユーザー	

して扱わなくてよくなります。

　個人情報のセキュリティー管理については、厳重にセキュリティー管理する範囲を最小化しつつ、一般ユーザーがアクセスする「活用データ層」には匿名化済みデータを置いて広く活用できるようにします。一方で生データや統合済みデータの中で個人情報に該当するものについては、データ管理者のみがアクセスできるようします。

　匿名化によって個人情報に該当しなくなるということは、その部分のセキュリティーレベルは落とせるということであり、監査業務もより簡易にできます。セキュリティー対策が簡易になる分、データ活用のスピードが上げられ、社内のより広い範囲にデータを公開して活用できます。

　機密性の高いデータについては厳重に管理する一方で、機密性を下げたデータセットを用意して利用するのが、データ活用のスピードとセキュリティーを両立する方法の1つです。

機密情報の検出と対策のプロセス

　機密性の高いデータを利用することが分かっている場合は、個人情報保護法のような法律、社内の情報保護規約、「PCI DSS（Payment CardIndustry Data Security Standard）」や「FISC 安全対策基準」といった業界団体の基準を満たすように、扱うデータが備えておくべきセキュリティーの要件を洗い出します。機密性の高いデータとしては、個人情報もあれば、仕入れ価格やノウハウのような営業秘密もあります。

　データセキュリティーの要件を洗い出したら、管理ルールを定めて規約やガイドラインの形でまとめます。データセキュリティーは、データやデータ基盤の形態に影響を与えます。データやデータ基盤を設計する前に、まずルールを決めます。3-3でガバナンスに関わる業務は必要性が出てきてから検討することを勧めましたが、データセキュリティーについては必要性が出てからでは遅く、当初から検討します。

　管理ルールを定めたら、利用する実データの中で機密情報に該当するものを検出します。活用の初期でデータの種類が少ない場合、データを理解したメンバーがいれば実データを見ることで容易に特定できます。多種多様なデータを扱うようになると検出漏れが発生したり、工数が大きくなったりするリスクがあります。その際はクラウドサービスの利用を検討します。

セキュリティー全般の規定の中にデータセキュリティーを含む

表 データセキュリティーに関わる主な法令・業界標準

法令・業界標準	内容
個人情報保護法	個人情報の匿名化(匿名加工情報)の定義と取り扱いを定めている。具体的内容は「個人情報保護委員会規則」で定めると記載している。個人情報を取り扱う場合は、個人情報保護委員会のサイト(www.ppc.go.jp)を確認する
GDPR	General Data Protection Regulation の略。欧州連合(EU)で適用されるデータ保護法。EU 内の個人情報の処理と移動に関して厳格な規制を設けている。EU 域内の個人情報を扱う場合は準拠する必要がある
PCI DSS	Payment Card Industry Data Security Standard の略。クレジットカード情報と取引情報を安全に取り扱うための国際的な業界基準。クレジットカード業界で普及しており、その具体性から他の業界でも参考にされることが多い
FISC 安全対策基準	正式名「金融機関等コンピュータシステムの安全対策基準・解説書」。金融情報システムセンター(FISC)が、日本で金融システムを導入・運用する際に参考にすることを求めたガイドライン。個人情報保護法に対応した内容も記載されている

　機密情報を検出できたら、前述の活用データ層に配置するデータとして機密性を低下させられないかを検討します。

クラウドでの個人情報自動検出と匿名化

　主要なパブリッククラウドでは、個人情報を自動的に識別して匿名化処理をするサービスが利用できます。この分野は2022年ごろから本格的に提供されるようになった新しい分野で、機能や対応しているデータ基盤には制約があります。要件や管理ルールを自身で定めた上で、データセキュリティー業務の生産性を高めるために業務の一部をアシストするサービスと捉えて利用を検討します。

　クラウドサービスやツールの場合、個人情報の検出は得意ですが、営業秘密やノウハウのデータの検出は現状では困難です。データの形式、範囲などの決まったパターンを基に検出するためだと考えられます。個人情報以外のデータセキュリティーには手動の作業が多くなります。以下ではパブリッククラウドで主に個人情報の検出と匿名化をアシストするサービスの利用について説明します。

　Amazon Web Services(AWS)では、「AWS Glue」を用いて対応するデータ

ソースから個人情報を識別し、置き換えができます。識別可能な情報はマイナンバーなどがあり、ユーザー定義のパターンを作成できます。置き換えは特定文字列での置換、暗号化に対応します。これは AWS Glue でジョブを作成して利用する形態です。

　機械学習を利用する「Amazon Macie（Macie）」は、「Amazon Simple Storage Service（S3）」に格納されたデータをスキャンして個人情報を検出します。AWS Glue が能動的にデータソースを指定して個人情報を識別するのに対し、Macie は S3 全体を対象にして検出、通知できます。個人情報の識別に漏れが発生しないようにする目的で利用できます。

　Google Cloud の場合、「Cloud Data Loss Prevention（DLP）」という機密情報の保護を提供するサービスが同様の機能を提供しています。「Google Cloud Storage」や「BigQuery」に格納されたデータを対象として、個人情報の識別、置換を自動的に実行できます。他のデータソースにも API（アプリケーション・プログラミング・インターフェース）を利用して接続できます。検出可能な情報の種類が多く、匿名化手法もマスキング、暗号化の他、一般化などにも対応します。1 つのサービスで自動検出から匿名化まで対応するため、セキュリティー管理業務の一部を集中的に管理できます。

　Oracle Cloud Infrastructure（OCI）では、「Oracle Data Safe」というマスキングを実行するサービスが提供されています。関連するフィールドの関係性を維持しながらデータ間で一貫性のあるマスキングができます。他にもマスキングのポリシーを定義して再利用できるなど、データ量の多い環境での利用に配慮した機能性があるのが強みです。

　クラウドサービスを利用することで、これまで数千万円近くのライセンス料がかかる製品が提供していたような機能が、従量課金で利用できます。課金対象はデータ量、利用時間などサービスによって異なります。おおむね数十ギガバイトのデータを処理した場合、月に数千円からといったコストであり、コンソールで

複数の手法を組み合わせて匿名化

表　匿名化の手法

手法	特徴	データ分析への影響
データマスキング	機密情報の一部または全部を偽の情報（マスク）で置き換える。不可逆的な変換となるため元のデータを復元することはできず、マスキングされたデータは分析への利用に制限ができる　例）電話番号を03-1234-5678とするなど	△
データスワッピング	データセット内で、特定のフィールドの値を他のレコードと入れ替える。これにより、個々のレコードが特定の個人を指す確率が低くなる。値が変わってしまうため、入れ替えたフィールドを組み合わせた分析の正確性が低下する	△
集計	個々のデータを集約、グループ化し、サマリーのデータ（例：市区町村で集計したデータ）を生成する。個人に焦点を当てた分析が困難になるものの、個人レベルのデータは失われて安全性は非常に高くなる。安全性を重視する場合は、目的別に集計データを作成する	△
ランダムノイズの追加	各データにランダムなノイズ（通常は数値）を加える。データの一般的な傾向を保ちつつ、元のデータから個人を特定するのが困難になる	△
一般化	データの抽象度を高くする。例えば、具体的な年齢（35歳）を年齢層（30-39歳）で置き換える	△
データの丸め	数値データを四捨五入、切り捨てなどして精度を落とす。データ分析の精度が粗くなる影響があるものの、位置情報などの個人の特定につながりやすくなるデータに適用すると有効	△
サンプリング	データセットからランダムなサンプルを選び出し、そのサンプルだけで分析する。統計的に個人の特定を困難にする手法の一部	△
トークナイゼーション	機密データを特定のトークン値に置き換え、元のデータは別の安全な場所で保管する。トークンと元データのマッピングは、厳重に保護された環境で管理する。元のデータとひも付けできるため分析後に個人を識別したい場合にも利用できる。ただしトークナイゼーションだけでは個人情報として扱う必要があり承諾なく外部に提供はできない	○
暗号化	元のデータを暗号化鍵で暗号化した値で代替する。元のデータとフォーマットを合わせた暗号化データを生成することを特にフォーマット保持暗号化と呼ぶ。復号して元のデータに復元できる	△
レコード削除	特定されやすい、特殊な属性値を持つデータを削除する　例）110歳以上のデータを削除する	△

○：データ分析にほぼ影響がない
△：データ分析に一定の制限が出る可能性がある

設定して利用できる簡易さがメリットです。

機密性を低下させる手法

　機密性を低下させる手法としては、他にも様々なものがあります。

　属性の組み合わせで個人を特定される可能性がある場合、その属性を準識別属性と呼びます。例えば市区町村、丁目、年齢、性別、職業の組み合わせです。人口の少ない地域では個人が識別できる恐れが高まります。準識別属性についても一意性がなくなるよう、いくつかの手法を組み合わせて匿名化を実現します。前述の例では、年齢を「30 ～ 39 歳」と幅を持たせて職業を削除するなどです。多くの手法は、元のデータに変更を加えるか、ひも付けができなくなり、データ分析への影響が発生します。

　準識別属性以外の属性は、識別属性、非識別属性に分かれます。識別属性はそれだけで個人を識別できる情報です。マイナンバー、一意性のある ID などが該当します。他の情報とひも付けると個人が特定できる場合、個人情報という扱いになります。匿名化の手法にトークナイゼーションがあります。この手法は識別情報を置き換えるため、それだけでは個人を特定できないという意味で機密性を低下させる対策になりますが、データは個人情報として扱われます。

　非識別属性は組み合わせても個人を特定できないため対処は不要です。ただし入手できるデータが増えているため、多くの属性を組み合わせると個人を特定しやすくなり、準識別属性にならないか慎重な判断が求められます。

　前述したクラウドサービスはあくまで匿名化処理の効率を上げるもので、匿名化を保証するものではありません。十分に一意性がなくなっているかどうかの評価及び必要な処理はデータセキュリティーの担当者が検討します。

　データ活用で利用したいデータは、属性や粒度が変動しやすい側面があります。データ活用の取り組み全体を見通して匿名化方式を定義するのは困難です。当面必要であると想定される属性と粒度のデータを用意して、データ分析を進め、必要性が出てきたら活用データ層に提供するデータをカスタマイズするのも現実的な対応方法です。

クラウドで匿名化せずにセキュリティーを実現

　クラウドサービスの中には、匿名化のような処理をせずとも安全に利用できるようにするアプローチを採るサービスもあります。本連載の前々回 データ活用の広がりで注目のデータガバナンス、マネジメントの「統制」を担当 で紹介した米Immuta（イミュータ）の「Immuta」もその1つです。データソースとクライアントとの間で、ビューを定義してマスクした状態で利用者に参照させることができます。

　米スノーフレークの「Snowflake」にもセキュアビューという機能があり、実装の状態を隠蔽しつつ、利用者が閲覧できるデータを制御できます。通常のデータベースにもビューの機能はありますが、管理者権限があると定義の閲覧や変更ができます。Immutaなどではデータセキュリティー管理を分離し、不正な定義変更から保護できるメリットがあります。

　OCIのOracleリレーショナルデータベース（RDB）サービスでは、データベースサービスだけで同様の機能を実現できます。「Oracle Database Vault」という機能を利用して、データベース管理者およびデータとビューの管理者を分離します（データベース管理者でもデータにはアクセスできないようにする）。その他、一般的なRDBにはできない列や行レベルでのアクセス管理やマスキング、監査の機能も盛り込まれています。サービスを組み合わせることなくデータセキュリティー業務をアシストできます。

　これらの機能はオンプレミスでも利用できますがオプション料金がかかります。OCIのサービスではオプション料金なしですべての機能が利用できるようになっています。オンプレミスでOracle Databaseを使っている場合は、OCIに移行してデータセキュリティーに対応するのも合理的な選択肢になります。

生成AIとコンプライアンス

　生成AI（人工知能）の利用にはデータセキュリティーの考慮が不可欠です。

　企業で利用する場合は、プロンプトに入力した情報を学習データとして利用せず、蓄積もさせないようにして破棄する設定にするのが基本です。ChatGPT に代表される生成 AI への質問が蓄積されると、他のユーザーが質問した際に、生成 AI がその情報を答えてしまう場合があり、情報漏洩の事例も多く報告されています。

　機密性の高い情報の入力を許可するかどうかは企業によって判断の分かれるところです。生成 AI は外部サービスであるため、自社のセキュリティー管理の及ばない範囲となります。入力情報が破棄される仕様とはいえ、自社の管理が及ばない範囲への機密情報の送信を制限するポリシーとしている企業では、機密性の低い情報のみ入力を許可するルールとします。

　機密性の高いデータを処理させるには、自社環境に自社のみが利用できる生成 AI を実装することが有効ですが、現状ではコストがかかりすぎてごく一部の企業を除いて実現性は低いと言えます。しかし生成 AI の進歩は早く、近い将来に現実的なコストで利用できるようになることが期待されます。

　生成 AI は業務の生産性を大きく改善する可能性があるサービスです。有益な利用を妨げることなく、セキュリティーを保てるように環境整備と利用ルールづくりをします。

3-6

データから有益な知見を導く「データサイエンス」もマネジメント領域

データサイエンスはデータマネジメントの領域の1つに位置付けられる。
標準プロセスがあり、それに従って試行錯誤を繰り返してインサイトを得る。
ビジネスの理解とIT分野のエンジニアリングを活用して問題を解決する。

　データサイエンスとは、データから有益な知見を導き出すアプローチのことです。機械学習や自然言語処理、統計学、プログラミングなどの手法を用いてインサイト、例えば消費者の行動などを導き出す学術分野です。大量かつ多様なデータが利用できるようになったことに加え、機械学習などの技術の進展、コンピューターの処理能力向上によって成果を出しやすくなった結果、注目を集めています。

　データマネジメント業務を体系化したフレームワーク「DMBOK（Data Management Body of Knowledge）2」では、「ビッグデータとデータサイエンス」という1つのデータマネジメント領域を占めています。以前の版にはなかった新しい領域です。

　データサイエンスはビジネスインテリジェンス（BI）とよく混同されます。実際、この2つはデータ分析に関して多くの共通点があります。しかし目的、主体、手法などが異なり、利用シーンも違ってきます。データマネジメント業務を考える上では分けて理解すると有益です。

目指すところが異なるデータサイエンスとBI

　データサイエンスは新たな知見、インサイトの発見を目指すものです。一方、BIは売り上げのリポートのように、過去や現在に起こったことを正確に把握し、ビジネス上の意思決定に利用することを目指します。いずれも業務としてデータ分析を含みますが、その目的が異なります。

目指すところが異なる
表　データサイエンスとビジネスインテリジェンスの違い

	データサイエンス	ビジネスインテリジェンス
目的	インサイトの発見	現状把握と意思決定
主体	データサイエンティスト	一般のビジネスパーソン データアナリスト
手法	機械学習、データマイニング、統計学、プログラミング	レポート、データマイニング、統計学
ツール	機械学習フレームワーク、統計解析ソフトウエア、フレームワークやソフトウエアを搭載したクラウドサービスなど	BI ツール／ Excel などの解析・データ可視化ツール
利用データ	構造化データ、半構造化データ、非構造化データ	構造化データ、半構造化データ

　最も分かりやすい違いは、データサイエンスを実行するのはデータサイエンティストであるのに対して、BI は一般のビジネスパーソンが自身のビジネス判断のために使う点でしょう。目的が異なると、業務の実行プロセスや必要スキル、対象データなどにも違いが生まれます。ここでは今回はデータサイエンスを、3-7 でBI を取り上げます。

　データサイエンスの方法を用いてデータの分析、インサイトを抽出する職種がデータサイエンティストです。データサイエンスの手法や技術は幅広く、周辺分野の職種である機械学習エンジニアやデータアナリスト、データエンジニアと必要とするスキルセットや担当する実務が一部重複します。

　得意とする問題解決の種類や技術も、人による差が大きいといえます。どのような課題でも解決できる汎用的なデータサイエンティストはあまりいません。自社の課題と、それを解決するにはどのような手法が適しているかなど、解像度を上げてからデータサイエンティストを育成、採用することをお勧めします。

データサイエンスのプロセス

　DMBOK ではデータサイエンスのプロセスを「1. ビッグデータ戦略とビジネスニーズの定義」「2. データソースの選択」「3. データソースの取得とインジェスト」のように定めています。

プロセスを理解する
図　DMBOKにおけるデータサイエンスのサイクル（出所:DMBOK2）

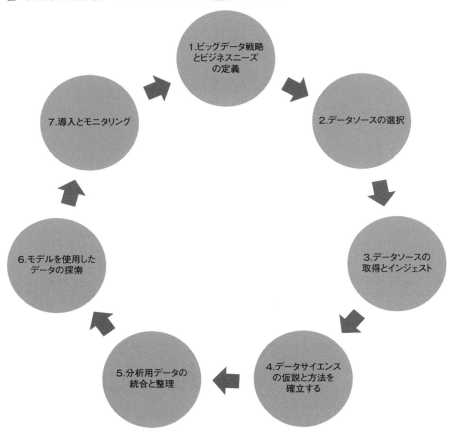

　DMBOK のプロセスとは別に、データサイエンティストの間でよく参照される、CRISP-DM（CRoss-Industry Standard Process for Data Mining）というフレームワークがあります。

　類似性が高く、どちらを参考にしても業界に依存しない標準的なプロセスを理解できます。以下では CRISP-DM を参考にして説明します。

起点は「ビジネスの理解」

図　「CRISP-DM」フレームワーク

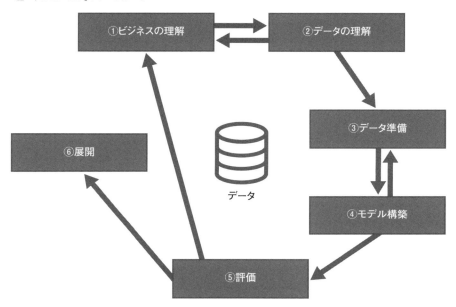

（1）ビジネスの理解

　最も重要なのはビジネスニーズをあらかじめ定めることです。データサイエンスによってどのようなインサイトを導けばビジネスインパクトがあるかを、通常は経営層が定めます。定めるために、経営層にはデータサイエンスに関する知見が求められます。

　インサイトは、なぜ商品Ａの売り上げが伸びているのか、なぜ特定の曜日に残業が発生するのかといった顧客理解や因果関係の理解を指します。短絡的に「どうやったら売り上げを増やせるかを導く」ものではありません。データサイエンスで実行可能な粒度にブレークダウンします。

　データサイエンスが解決のベストな手法かどうかも判断します。現実的な時間とコストでどのような種類のインサイトを獲得できるか、この工程で実現性も加

味して仮説を立てることが重要です。

（2）データの理解

　ビジネスニーズ、獲得すべきインサイトが定まったら、社内外のデータを利用してデータサイエンスで解決できるかどうかを検討します。データの有無、所在、品質を確認するには、3-2 で説明したデータカタログがあると効率的です。

　品質もこの段階で確認しておきます。データ分析の精度はデータそのものの品質に依存するため、保有するデータの中で品質の高いデータを抽出して分析する、などの対応を採ります。入手可能なデータで目的とする分析ができない場合は、「ビジネスの理解」に戻って目標を設定し直します。

（3）データ準備

　データを分析に利用できる形態に準備します。分析基盤を用意した上で、データ連係、データ統合・加工を実行します。データサイエンスのプロセス中、大半の工数はデータ準備に費やします。データサイエンスの成否とスピードには、各データマネジメント業務の成熟度が大きく影響します。

　データサイエンスで特徴的なのは、構造化されていないデータを扱う機会が多いことです。データサイエンス分野のイノベーションによって、構造化されていないテキスト、ドキュメント、画像、音声、動画などのデータを分析できるようになったためです。一般にビッグデータと呼ばれる多様で大量なデータを対象とします。

　データ基盤としては、多様かつ大量のデータを低コストに扱うのにたけたデータレイクを中心とした基盤が望まれます。

（4）モデル作成

　機械学習などの分析モデルを作成します。試行錯誤しながらモデルの完成度を上げていく必要があるため、データ準備との反復的な作業になります。

（5）評価

　ビジネス的に意味のある精度でインサイトを得られているかをどうかを評価します。データサイエンスは万能ではなく精度に限界があります。取得可能なデータの充実度合いやデータ品質に限界があること、現実世界の因果関係が測定可能なデータで完全に説明できるわけではないことが要因です。インサイトが得られない、あるいは意味のある精度にならなかった場合は、目標を設定し直すために「ビジネスの理解」に戻ります。

（6）展開

　得られたインサイトをビジネスの計画に生かします。機械学習モデルを作成している場合は継続的に利用するよう、システムへの実装、業務プロセスへの適用を実行します。ビジネスの成果を出しているかどうかをモニタリングして改善を続けます。機械学習モデルは運用していくと精度が落ちることがあり、計画的な更新も検討します。

反復的な実行と改善

　ここまで述べてきたようにデータサイエンスは繰り返し試行錯誤することを前提として計画します。新たな知見を獲得するための探索的な業務であるため、期間、コスト、成果の質の予見には限界があります。インサイトが得られた場合でも、ビジネスに生かすためにより多面的に、より高い精度で分析したいというニーズが出てきます。

　戦略とビジネスニーズの定義、仮説立案の質が、獲得できるインサイトの価値と、データサイエンス業務にかかるコストに大きく影響します。データサイエンスの知見、経験が豊富であるほど、戦略や仮説を正しく導いて効率よく実行できるでしょう。戦略を大きく誤るリスクを低減できるよう、戦略立案の段階から経営層とデータサイエンス担当者がコミュニケーションを取ることが重要です。

データサイエンスの手法

　データサイエンスは数学、統計学、機械学習のナレッジをベースとし、ビジネ

ス理解と IT 分野のエンジニアリングを活用して問題を解決します。IT 分野のエンジニアリングでは、これまでの本連載で説明してきたデータ統合、加工、連係をするデータエンジニアリングと、データサイエンスの専門的なスキル・手法がコア領域となります。データサイエンスの専門的なスキル・手法は特殊なものが多く、データサイエンスの手法自体はデータマネジメント領域には入らないため、概要に触れるのみとします。

・機械学習
　AI（人工知能）領域の 1 つであり、データを特定のアルゴリズムに従って学習させ、判断やタスクを実行する「モデル」を作成します。機械学習には多種多様な技法があり、アルゴリズムや学習方法を実装したライブラリーやフレームワークを利用してモデルを作成、利用するのが一般的です。

　ライブラリーにはその挙動を調整するハイパーパラメーターと呼ぶ設定値があり、ライブラリーの選択とハイパーパラメーターの調整によってモデルの性能が変わります。データセットの中から、学習対象となるデータである「特徴量」をどう抽出するかも重要です。特徴量の個数と選択によって学習結果が大きく変わります。

・統計的手法
　クラスター分析、回帰分析、因子分析、主成分分析、時系列分析などがよく利用される手法ですが、他にも様々な手法があります。これらの手法を利用して、予測、データマイニング（パターン、相関関係の特定）を実行します。古くから統計解析ソフトウエアが存在しており、目的に合ったものを利用します。

・自然言語処理
　日本語のような自然言語の文字列情報を処理して新たな知見や相関関係などを抽出します。テキストデータを単語に分割し、統計処理を施します。単語に分割する「形態素解析エンジン」、文字列データの処理を得意とする「テキストマイニングツール」を利用するのが一般的です。クラウドでも形態素解析やテキストマ

最も工数がかかる反復的な試行を自動化
図　学習のパイプラインとAutoMLで自動化する範囲

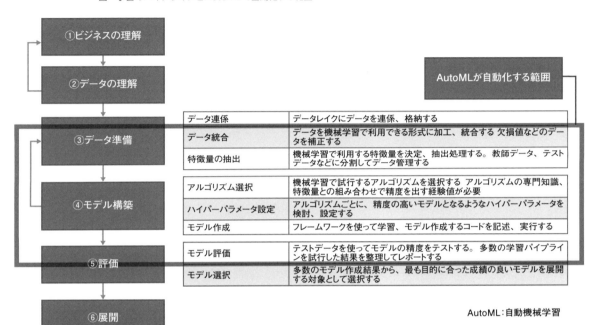

AutoML：自動機械学習

イニングをサポートするサービスがある他、ChatGPTなどの生成AIを利用する方法もあります。

　それぞれ専門性の高い手法で、習熟するには学習と多くの経験が必要です。しかし近年、クラウドサービスによって必ずしも習熟していなくてもできることが増えてきました。ノウハウの補完や効率化に役立つクラウドサービスの利用方法を紹介します。

AutoMLサービスによる機械学習の自動化

　クラウドで最も進歩が早いのが機械学習の領域です。急速に自動化が進んでおり、フレームワークを使ってモデル作成するのに比べて必要スキルが少なくて済

むメリットがあります。

　機械学習は専門性の高い領域です。的確なアルゴリズムやパラメーター、特徴量を選択するために従来は機械学習エンジニアの存在が必要でした。データサイエンティストが統計的手法と汎用的な機械学習を担当し、機械学習エンジニアが専門性の高い機械学習を担当するのが以前よく見られた役割分担です。

　汎用的な機械学習ナレッジがあれば、AutoML（自動機械学習）を利用することで、機械学習エンジニアがいなくても様々な機械学習の手法を実行できます。性能も上がってきています。課題による得意不得意はあるものの、専門家が手動で作成するのに近い精度のモデルを、汎用的なナレッジのデータサイエンティストでもつくれるようになってきました。必要なスキルセットが少なくなったことで、一般企業が機械学習を利用するハードルを下げる効果があります。

　AutoML を実現するオープンソースソフトウエア（OSS）もあり、利用者が自ら AutoML 環境を構築できます。クラウドでは実装作業や、機器およびソフトウエアアップデートなどの運用をする必要がありません。データ分析サービス、データベースサービスなど、他のサービスから機械学習機能を呼び出して利用できるなど、サービス間での連係ができるのも利点です。このようなメリットがあるため、クラウドの利用が主流になっています。

　もう 1 つのメリットは、モデル作成の作業量と時間を大幅に削減できることです。精度が高くなるように学習させるには、アルゴリズムやパラメーター、特徴量の膨大な組み合わせから何度も試行して最適なものを選ぶ作業が必要でした。AutoML では並列、反復的に学習のパイプラインを自動実行して成績の良いモデルを入手できます。データについても AutoML への入力は利用者が実行する必要がありますが、欠損値の補完などデータ加工の一部が自動化されます。多様な機械学習の試行を繰り返すことができ成功確率が上がります。

　精度の高いモデルがどのアルゴリズムやパラメーターで作成されたのかがリポートされ、機械学習を実行するコードを出力することもできます。モデルは新

　たなデータを使って繰り返し学習し直す運用をします。そのため精度の高いモデル作成方法をコードとして実装しておき、繰り返し再利用する運用となります。

　精度をさらに高めたい場合は、出力されたコードをベースにして手動でチューニングやカスタマイズもできます。主要なパブリッククラウドサービスではAutoML のサービスについても、手動でフレームワークを使ってモデル開発できるサービスが用意されています。目的に応じて使い分ける柔軟性を備えています。

　AutoML は、主要パブリッククラウドの機械学習サービスに組み込まれています。Google Cloud で　は「Vertex AI」Amazon Web Services は「Amazon SageMaker」、Microsoft Azure では「Azure Machine Learning」が該当します。オールインワンのデータ活用サービスである「Databricks」や「Snowflake」の機械学習機能にも組み込まれています。サポートされる機能に違いはあるものの、機械学習は AutoML を利用するのが一般的になりつつあります。

統計分析はビジネス領域ごとにSaaSが発達

　統計分析は、ビジネス領域や業務目的に特化してデータ管理と分析機能を備えた SaaS（ソフトウエア・アズ・ア・サービス）が多数出てきています。

　2-5 で紹介した顧客情報を管理する CDP（Customer Data Platform）、マーケティングを自動化する目的で利用する MA（マーケティングオートメーション）、営業情報管理の SFA（Sales Force Automation）など、多種多様なカテゴリーのSaaS に分析機能が搭載されており、業務担当者が利用できます。統計解析ソフトウエアに対する SaaS のメリットは、導入期間が短くセットアップの負担が少ないこと、低コストであること、運用の手間がかからないことが挙げられます。

データサイエンスをデータエンジニアリングで支える

　データサイエンスでは非構造化データを利用するためデータレイク中心となり、データ加工プロセス、機械学習サービス、分析サービス、SaaS などが組み合わされる基盤構成となります。大企業であれば目的別に幾つものクラウドサービス

を併用する構成になりやすいところです。

　ここまで見てきたように、データサイエンスの専門家でなくても、IT リテラシーの高いビジネス人材やクラウド利用スキルを持つ開発者がリスキリングして、内製でデータサイエンスに取り組めるようになってきました。

　しかしメタデータ設計、データ統合、SaaS とデータレイク間のデータ連係などのデータエンジニアリングには人が関与する作業が多く、引き続きデータサイエンスを進める上でボトルネックになりやすい部分です。データサイエンスを高速に実行できるよう、他の領域のデータマネジメントにも力を入れることが欠かせません。

3-7

BIがデータ分析の基本
意思決定の質とスピードを上げる

データを基にして意思決定の質とスピードを上げる——。
ビジネスインテリジェンス（BI）はこれを目的とする分析業務である。
データサイエンスと異なり、BIでは主に統計的手法を用いてデータを分析する。

　ここではビジネスインテリジェンス（Business Intelligence、BI）について説明します。BIは、データを基にして意思決定の質とスピードを上げることを目的とする分析業務です。前回 データから有益な知見を導く、「データサイエンス」もデータマネジメント領域の1つ 取り上げたデータサイエンスに対して、目的、主体、手法、ツール、利用データのそれぞれで違いがあります。

　例えばデータサイエンスはインサイトの発見をその目的としますが、BIは現状把握と意思決定を目的とします。BIは一般のビジネスパーソンが意思決定するためのものであり、「データドリブン」な事業運営の実現には欠かせません。

　役職や職種に関わらず、社内の誰でもデータにアクセスできて、データを基に意思決定できるようにすることを「データの民主化」と呼びます。データの民主化の実現には、低い学習コストで利用可能で、かつ使い勝手の良いツールが求められます。

　BIでは主に統計的手法を用いてデータを分析します。分析対象の多くは構造化された業務データです。データマネジメント業務を体系化したフレームワーク「DMBOK（Data Management Body of Knowledge）2」において、BIは「データウェアハウジングとビジネスインテリジェンス」領域の一部になります。1950年代に提唱されたコンセプトであり、以前から関連製品は充実していますが、近年のクラウドにおける技術発展の成果を取り込み、画期的な機能を備える製品が

ビジネスインテリジェンスとデータサイエンスは目的や手法が異なる

表　ビジネスインテリジェンスとデータサイエンスの違い

	データサイエンス	ビジネスインテリジェンス
目的	インサイトの発見	現状把握と意思決定
主体	データサイエンティスト	一般のビジネスパーソン データアナリスト
手法	機械学習、データマイニング、統計学、プログラミング	リポート、データマイニング、統計学
ツール	機械学習フレームワーク、統計解析ソフトウエア、フレームワークやソフトウエアを搭載したクラウドサービスなど	BI ツール／ Excel などの解析・データ可視化ツール
利用データ	構造化データ、半構造化データ、非構造化データ	構造化データ、半構造化データ

出てきています。

ビジネスにおけるデータ分析の成熟度

　ビジネスで施策を実行するまでには幾つかの段階があります。データを分析し、人による判断を経て、意思決定するというステップを踏んで施策の実行にたどり着きます。ステップによって実行する分析業務と利用するシステムが異なります。より多くの段階をシステム化できるほどデータ分析の成熟度が高いといえます。

（1）記述的分析（事実の把握）

　何が起こっているのか事実を把握するための分析です。売上高などの実績データを集計、統計解析して確認します。データ量が数十万件を超えるか、IT リテラシーの高くない方が利用者になると表計算ソフトで分析するのは難しくなり、データベースやデータウエアハウス（DWH）にデータを格納して BI ツールで分析結果を閲覧する形態を取ります。

　データ分析の初期的な段階であり、このステップから始めます。多数のツールが存在します。初期段階はデータを基に記述的分析だけを実施して、それが意味するところの判断と施策の決定、実行については人が担います。

段階を踏んで施策を実行

図　施策実行に至るまでのデータ分析の概要

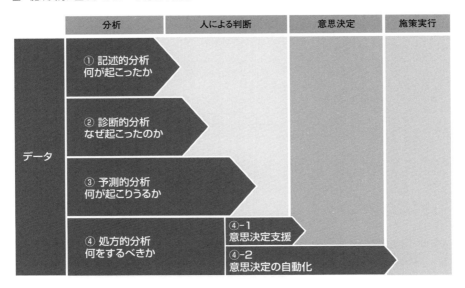

（2）診断的分析（原因の把握）

　「記述的分析」に加えて、なぜそうなっているのかをデータを使って分析します。売上高が予測よりも増加・減少した原因を突き止めることで、更なる売り上げ増の機会、もしくはリスクを把握して対策を検討できるようになります。診断的分析においても BI が主な方法となります。構造化された実績データを深堀りして分析することで原因を導き出します。非構造化データ、半構造化データの分析が因果関係の解明に役立つケースでは、データサイエンスの手法を用います。

（3）予測的分析

　今後起こる可能性の高いことをデータを利用して予測します。予測的分析には主にデータサイエンスの手法を用います。前回説明したもので、機械学習で予測モデルを作成してシステムに実装、インプットのデータに対して推論させて予測値を出すという方法です。

（4）処方的分析

　予測的分析から一歩進んで、今後取り得る施策の選択肢についてデータを基に示します。ここでも機械学習などのデータサイエンスの手法も用います。ただし、処方を作成するには現実に取り得る選択とその制約を整理して、シミュレーションする必要があります。

　例えば在庫管理を最適化するために、商品ごとの利益、仕入れ価格、必要スペースなどを基に、倉庫ごと、商品ごとにどの程度の在庫を持つかを算出します。目的や制約を数式化して数理処理して最適解を求めます。機械学習は商品が幾つ売れるかといった予測値を出すものですが、数理処理は限られた倉庫スペースを有効利用するには幾つ在庫を持つのが最適かといった問題を数式化してアルゴリズムによって解を求めます。

　数理最適化ソルバーと呼ぶ最適解を出してくれる製品群を利用するか、開発言語で数理最適化のライブラリーを利用してプログラミングするかして数理処理を実行します。モデル化した結果、非常に多くの組み合わせの中から最適解を求める必要が出てくる「組み合わせ爆発」が起こる場合があります。この場合、現実的な時間で処理できるのが量子コンピューティングです。いずれも一般的な業務システム構築では頻出しない特殊な領域です。

　得られた最適解を施策として人が判断し、実行したい場合は意思決定のサポートが目的となります（意思決定支援）。施策として自動実行したい場合は意思決定の自動化が目的となります（意思決定の自動化）。

BIがデータ分析の基本

　成熟度が上がるほど利用技術が新しくなる傾向があり、求められる分析技術、ビジネス上の計画力のいずれも難度が上がります。着目したいのは、基本的なデータ分析である「記述的分析」「診断的分析」がBIの手法を利用する作業だということです。BIによって現状把握と問題点、課題の抽出ができます。クリアになった課題に対して「予測的分析」をデータサイエンスによって実行するとスムーズ

です。

　通常はデータサイエンスではなく、BI について先に取り組みます。BI の成熟度を上げた後、人による判断と意思決定の精度を上げるためにデータサイエンスに取り組みます。データサイエンスで得られたインサイトを基に施策を実行した際、実行結果を測定・評価するためにも BI を利用するという関係になります。

情報責任

　「記述的分析」は初期的なデータ分析ではありますが簡単ではありません。BI 導入の 70 ～ 80％は失敗するという調査もあります。原因の多くは情報責任の欠如によるものです。情報責任とは、経営学者のピーター・ドラッカー氏が示した概念で、意思決定する主体が、どのような情報がいつあれば役に立つかを発信する責任を持つという考えです。

　ビジネス上の施策を意思決定する担当者が、意思決定に至る分析過程のどこのデータを基にして実施するか、どのような情報（分析結果）があれば意思決定に利用できるかを発信することが BI 成功の必要条件です。

　情報発信がないのは、意思決定する担当者が意思決定プロセスを変革する準備ができていないからです。この状態で BI ツールを導入しても、たいていは利用されません。そのため、意思決定をする担当者はデータリテラシーを高め、データを活用してどのように意思決定の質とスピードを上げられるかを自ら考え、情報発信します。

BI 導入の流れ

　BI の導入には、意思決定プロセスをどのようにするか、要件を定義します。BI の実施範囲、インプットするデータ、アウトプットされる分析結果、画面仕様などのユーザーインターフェース、セキュリティーなどの内容をブレークダウンして決めます。

　一般的なビジネスパーソンが利用しやすい直感的な操作で使えるツール、専門的な解析ができるツールなどから、利用目的に適したものを選定します。非エンジニアが利用する場合は操作感が重要になり、PoC（概念実証）するなどして選びます。PoC には意思決定プロセスに利用してビジネス目的を得られそうかを確認するといった意義もあります。

　BI ツールは DWH をデータソースとして参照します。データ連係・統合・加工を施して、画面とデータ分析ロジックを実装して利用できるようにします。作成可能な画面は製品によって異なり、どのような画面構成をサポートするかといった製品知識を持つ担当者が設計、作成します。データ分析ロジックは一般的なプログラミング言語を用いて、あるいは設定画面で実装できます。

セルフサービス BI

　データの民主化を実現するために、非エンジニアが利用できるようグラフィカル・ユーザー・インターフェース（GUI）操作だけで分析機能と画面を実装できるツールを利用するのが近年のトレンドです。このような使い方ができるツールを「セルフサービス BI」と呼びます。エンジニアが設計・実装をサポートすることなく、利用者が自分自身で使えるという意味です。分析要件が変わった場合にすぐにリポート内容を変更でき、分析がスピードアップする意義があります。直感的に操作でき、学習コストが低いのも魅力です。

　代表的な製品が米セールスフォースの「Tableau」です。セルフサービス BI として使え、インパクトのあるビジュアルで注目を集めて利用が広がっています。その他、米クリック・テクノロジーズの「Qlik Sense」など、多くの製品がセルフサービス BI として使えるように機能性を高めています。

　パブリッククラウド事業者各社からは PaaS（プラットフォーム・アズ・ア・サービス）として利用できるセルフサービス BI も登場しています。米マイクロソフトの「Power BI」はインストールすることなく、Microsoft Azure 上のサービスとして利用可能で、構築・運用を効率化できます。同社のソフトウエア製品の「Office」

目的に応じて BI ツールを併用

図　BIツールを併用する概要

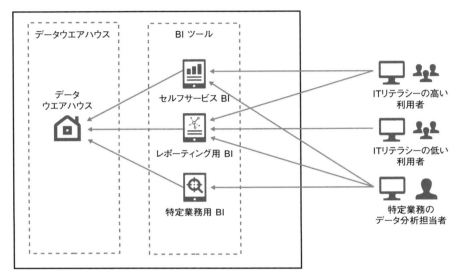

BI:ビジネスインテリジェンス

「Teams」や他の Azure のサービスと連係させて利用できることから、マイクロソフト製品・サービスのユーザーに選ばれやすい傾向があります。

　Google Cloud には「Looker」というサービスがあります。セルフサービス BI としても利用可能で、かつダッシュボードやデータ集計の定義をコードとして管理できます。運用時にエンジニアがコードとして一元管理できるメリットがあります。Amazon Web Services（AWS）には「QuickSight」というサービスがあり、AWS 上の他サービスをデータソースとして利用できます。

　BI ツールの料金は、利用者数やデータ量に応じて課金されるものと、クラウドサービスのように利用時間に応じて従量課金されるものがあります。想定される利用形態によって有利な料金モデルが変わります。

　セルフサービスBIにおいては、利用者がスムーズにツールを使えるようなサポートをすることが重要なデータマネジメント業務となります。データの民主化にはデータを基にして意思決定する文化の定着が重要です。事業部門が主体的にデータ活用の文化を定着させる取り組みをしながら、データマネジメント組織がツールの習得やデータ活用をサポートします。

　セルフサービスBIは、以前からある定型的なリポート、特定業務に特化した分析ツールと併存します。多くの場合、目的に合わせて幾つかのBIツールを併用します。

BI進化の潮流

　以下では、現在の競争領域となっている分野に触れます。

・自動分析
　前述の「診断的分析」を自動化してリポートを出します。米ThoughtSpot（ソートスポット）の「ThoughtSpot」、オーストラリアのYellowfin（イエローフィン）の「Yellowfin」などがこの機能を有しています。自動分析の切り口や、得られる結果が求めるものかどうかは使ってみないと分からない面があるものの、分析に慣れていない利用者でもヒントや成果が得られる可能性があります。慣れている利用者は分析にかかる時間を短縮できる可能性があります。

・データサイエンスとの融合
　BIツールで機械学習を実行できるようになってきています。前述のデータ分析のステップをカバーする動きです。データサイエンスとBIの手法は異なりますが、BIツールが一部のデータサイエンスの手法を包含しています。パブリッククラウドでは、BIのサービスが機械学習のサービスと連係してデータサイエンスを実行できます。機械学習サービスのラインアップや機能・性能が強化された際に、すぐメリットを享受できます。

・自然言語での操作

　主要なツールのベンダーは、ツールに生成 AI（人工知能）を組み込み、自然言語で分析の指示を出せるようになっています。IT リテラシーが低い利用者であっても、指示をテキストで入力する、あるいは話しかけて分析結果を得られるよう機能強化されています。自然言語で正しく分析するにはメタデータの整備が必要です。生成 AI がメタデータを参考にして、利用者が話す自然言語を適切に実データにひも付けできるようにするためです。

第4章

データ活用を進める際の課題

▌4-1

複雑化するデータ基盤のガバナンス
統制しつつ個別最適化するデータメッシュ

データ活用を進める際、データマネジメントに関する様々な課題が発生する。
複数のデータ基盤がつくられるなどガバナンスも複雑になる。
統制を取りながら個別最適化もしやすいデータメッシュという概念がある。

　これまで「DMBOK（Data Management Body of Knowledge）2」に取り上げられている個々のデータマネジメント領域に沿って、クラウドでのデータマネジメント業務を解説してきました。第4章は、データ活用を進める際に発生するデータマネジメントの課題への対応について考えていきます。まずは複雑化するデータ基盤のガバナンスをテーマに、統制を取りながら個別最適化もしやすいデータメッシュという概念を説明したうえで、クラウドでのデータマネジメント業務について解説します。

複雑化するデータ基盤

　企業でDX（デジタルトランスフォーメーション）を進めていくと、複数のデータ基盤がつくられることが珍しくありません。これにはいくつかの要因があります。事業部が分かれている場合、事業部単位で独立した予算を持って意思決定するために、他の事業部とデータ基盤の共有を避ける場合があります。

　新規事業が既存事業の制約を受けにくくするようにデータ基盤を新たに作成することもあります。最近では企業のM&A（合併や買収）が増加しており、異なるデータ基盤を保有する事業や企業を自社内、またはグループ内に取り込む例もあります。

　さらにセキュリティーの事情で分けざるを得ない場合もあります。機密度が非常に高く自社で管理できるデータセンター内のデータ基盤でのみデータを扱える

複数のデータ基盤がつくられる

図　企業が複数のデータ基盤を持つケースの例

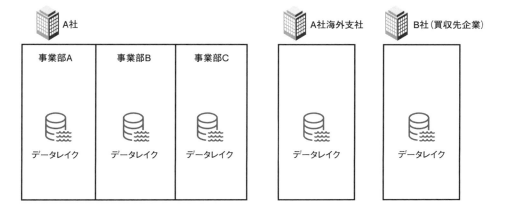

という制約が定められていると、他のクラウド上のデータ基盤と分けざるを得ません。GDPR（General Data Protection Regulation、欧州連合の一般データ保護規則）のような各国・地域の法規制に対応するには、各国・地域内に別々のデータ基盤を用意して個人情報を保有することになります。

分散型で安全にデータ活用・データ共有

　効率的な管理のためにデータ基盤の集約は検討すべき課題です。しかし統制の都合上、分けざるを得ない、あるいは分ける方が適切な場合があるのも事実です。データレイクという、あらゆるデータを1カ所のストレージに集めることでデータ統合を実現する考え方が適する企業と、適さない企業があります。

　分散したデータ基盤では、データガバナンスの課題が出てきます。一貫したデータセキュリティーの基準を保って、安全にデータ活用できるようにする必要があります。分散したデータ基盤の間でいかに効率よくデータ共有するかも新たな課題です。

　分散型のデータアーキテクチャーでありながら、このような課題に対応するア

プローチを「データメッシュ」と呼びます。提唱者は業務や事業の単位（ドメイン）で論理的なデータセットを定め、ドメインごとに担当するデータマネジメントチームがデータを管理することを推奨しています。ドメインの粒度はデータセットをどのような単位で管理したいかによって、事業部、業務などのくくりにすることを検討します。

データメッシュは連邦型

データメッシュはドメインごとに異なるデータマネジメントの仕組みを採れる自由度を備えることから「連邦型」とも言われます。セキュリティーなど全社的に守るべき基準は中心となる全社のガバナンスチームが定め、各ドメインを担当するデータマネジメントチームが運用します。

他のドメインでも利用するデータについては、データプロダクトという呼び方で共有の対象とします。全社的に活用したいデータについては、ドメインを担当するデータマネジメントチームが利用可能な形態でデータプロダクトを共有する責任を持ちます。データプロダクト以外の共有しないデータはドメイン内だけで管理することを勧めています。

このような形態にすることで、異なる管理ポリシーを持つデータ所有者が自分たちの要件に沿ったデータガバナンスを実行しながら、データも共有できるという相反する要求を両立できます。

データメッシュのメリットは、データ統合を妨げることなく個別最適化ができることです。データを統合して活用できることは重要ですが、事業部内の業務を効率よく実行できることも同じく重要です。個別の要件に最適化したデータを運用することが業務効率の向上にプラスとなることもあります。

データレイクとは異なり、物理的にデータを統合する手間がかからないのもメリットです。独立性の高い事業部間やグループ企業間で、統合したデータレイクをつくる場合、調整や移行のコストが大きくなるケースがあります。そうした場

連邦型で各データマネジメントチームがデータを管理

図　データメッシュの概要

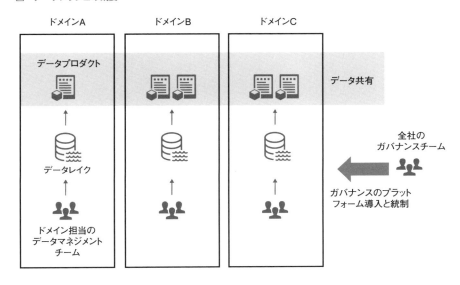

合にもデータメッシュが適しています。

　一方データメッシュのデメリットは、分散型であるためあらかじめ統合されて1カ所に置かれたデータを利用するのが困難なことです。データを取得して利用するか、データを仮想的に統合して扱えるサービスを導入して利用するのが解決策になります。

　ドメインごとにデータマネジメント業務を実行する負担がかかるのもデメリットです。分散型で管理するには、それぞれのドメインに管理を自己完結できるようデータエンジニア、データスチュワードなどの役割を置く必要があります。

　データメッシュは論理的なデータ管理の新しいアプローチであり、抽象度が高い概念です。データガバナンスやデータ共有の基準やルールを定めるデータマネジメント業務と、システム的に実現するためのソリューションの導入によって実

現します。クラウドを強く意識して生み出された概念であると考えられ、実現のためのソリューションのほとんどはクラウドサービスです。

　利用できるサービスは複数ありますが、新しい領域ということもあり同じ評価軸で比較検討するのが難しいケースが多いのが現状です。データ共有の仕組みやそのインターフェースもサービスによって様々であり、標準化されているとはいえません。

　効率よく実現するにはなんらかのサービスを組み合わせることになり、データメッシュを構成するドメイン全てに導入します。選択を誤ると技術負債になる可能性もあります。データレイクのような統合型の仕組みにするか、いずれかのソリューションを採用して分散型のデータメッシュを取り入れるかは慎重に検討します。

　データメッシュと対立する概念は、統合された単一のデータレイクです。たとえば事業部やグループ企業ごとに別々のデータレイクをつくり、全てのデータレイクを包含してデータメッシュにすることもできます。

データメッシュにおけるデータガバナンス

　データメッシュは連邦型と言われるように、ドメインでの自由度を保つ点に特徴があります。全社的なデータガバナンスを担当するチーム（以下、データガバナンスチーム）がデータセキュリティーなどの会社全体で守るべき基準を定めてチェックしますが、実現のためのルールや仕組みをつくるのはそれぞれのドメインを担当するデータマネジメントチームです。データ共有以外のデータマネジメント業務の仕組みや利用ツールは独自に決められます。ドメインによってはさらに高レベルのデータセキュリティーを定めて運用することもできます。

　データメッシュを取り入れるには、それぞれのドメインに管理するスキルと経験値のあるデータマネジメントチームが必要になります。そのようなデータマネジメントチームが存在せず、集中的に管理したい場合はデータレイクを導入した方がフィットする可能性が高いでしょう。

データメッシュでは、共有対象のデータをデータプロダクトと呼びます。社内で利用するデータは、ドメインを担当するデータマネジメントチームが責任をもって品質の高いデータプロダクトを作成して共有します。プロダクトという言葉が付いているのは、資産として利活用できる成果物という意味合いがあります。データプロダクトは全社的に統一された方式で管理、共有します。

データガバナンスチームは、データプロダクトが利活用できる資産となるよう、データ品質、形式、用意するメタデータなどの基準を作成して会社内で順守されるよう統制します。データを共有するためのプラットフォームを定め、導入をサポートする役割も担います。プラットフォームにはデータプロダクトの登録・更新などの管理、目的のデータプロダクトを探して取得するための検索機能や API（アプリケーション・プログラミング・インターフェース）、アクセス管理機能が必要です。このような機能を独自に開発して運用するのは煩雑なため、クラウドサービスか製品を利用するのが一般的です。

ドメインを担当するデータマネジメントチームは、プラットフォームを利用してデータプロダクトを作成、共有します。データプロダクトをどのメンバーがアクセスできるかを管理する役割もあります。管理する方法としては、あらかじめユーザーアカウントをグループ化しておき、データプロダクトの参照権限を与えるか、ユーザーがアクセスをリクエストしてきた際に承認するのが代表的です。

データガバナンスを実現する方法は標準的なもの、デファクトスタンダードがあるわけではなく、データメッシュを実現するプラットフォームとして利用できるサービスの仕様に依存します。自社の管理方法に合うサービスを選択します。

パブリッククラウドサービスでのデータメッシュ

主要パブリッククラウドサービスとしては Amazon Web Services（AWS）が先行しています。データメッシュは、広い意味ではデータプロダクトを蓄積して探すためのデータストア、データカタログなどが必要になりますが、これらの要素は以前の回で説明しているため、ここではデータメッシュに特有のサービスと

Lake FormationとGlueがデータメッシュの機能を持つ
図　Amazon Web Services(AWS)のサービスによるデータメッシュの概要

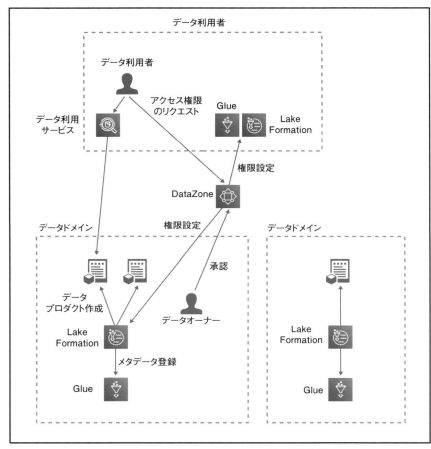

Glue：AWS Glue
Lake Formation：AWS Lake Formation
DataZone：Amazon DataZone

活用方式に絞って説明します。

　AWSでは、「AWS Lake Formation（Lake Formation）」と「AWS Glue（Glue）」がデータメッシュに対応する機能を有しています。Lake Formationでデータプ

ロダクトを定義してアクセス権限を管理、Glue でその情報をカタログとして管理します。

データプロダクトの管理者は Lake Formation と Glue の管理機能を使って、一連の作業を実行します。アクセス権限付与のリクエストを起点として作業を実行する場合、ワークフローを回しやすくするのが「Amazon DataZone（DataZone）」です。リクエストを受けて DataZone コンソールで承認操作をすると、権限とカタログの管理操作が自動的に実行されます。ワークフロー管理に加えて、権限をポリシーとして管理する機能、監査機能などがあり、ガバナンスのニーズに応える機能性を備えます。

カバーしている機能とサービス構成に違いはあるものの、他の主要パブリッククラウドである Microsoft Azure、Google Cloud でも同様にデータメッシュを構築できます。

マルチクラウドでのデータメッシュ

異なる複数のパブリッククラウドにデータ基盤が存在する場合、パブリッククラウドサービスを利用してデータメッシュを実現するのは困難です。パブリッククラウドサービスは他のパブリッククラウドの管理が難しいためです。この場合、どの主要パブリッククラウドでも利用できるデータプラットフォームを利用するのが選択肢になります。米スノーフレークの「Snowflake」、米データブリックスの「Databricks」といったサービスです。

Snowflake、Databricks はデータ共有、データカタログ、ガバナンスの機能をオールインワンで有しており、主要パブリッククラウドで動作します。そのため、データメッシュを実現するためのデータマネジメント業務を、これらデータプラットフォーム上で実行することで一元管理できます。

注意点としては、パブリッククラウドをまたがってデータ共有する際はデータ複製機能を有効にするなど、単一のパブリッククラウド上での利用に比べると制

約や煩雑さがあります。データ利活用のインターフェースを全社的にこれら製品に統一することに現実感があるか、といったことも検討しなければなりません。

　データメッシュは 2019 年に生み出された概念で、まだ成熟していません。どのような環境の組み合わせでも一貫性のあるデータガバナンスを実現できるサービスの登場が望まれます。

4-2

データ活用のアプローチ
トップダウンとボトムアップの進め方

データ活用のアプローチとしてトップダウン、ボトムアップがある。
どちらが適しているかは企業文化が大きく影響する。
トップダウン、ボトムアップによるデータ活用の特徴やメリットを整理する。

　データマネジメント業務を体系化したフレームワーク「DMBOK（Data Management Body of Knowledge）2」では、データサイエンスのプロセスを定義しています。データ活用のアプローチとしてトップダウン型の意思決定を想定しており、そのプロセスは戦略とビジネスニーズの定義から始まります。

　一方、ボトムアップ型の業務推進に慣れている企業の場合、ビジネスニーズはボトムアップで定義することになります。データ活用においては、いかにトップを動かすかが課題となります。

　トップダウン、ボトムアップでのデータ活用の特徴やメリットを整理した上で、どのようにデータ活用を進めて、データマネジメントの成熟度を上げるかを解説します。

トップダウンアプローチでのデータ活用

　データ活用におけるトップダウンアプローチとは、経営層が解決したい課題や目標を設定し、実務担当者であるデータサイエンティストやデータエンジニアなどがデータを分析して解決策を検討する方法です。本来あるべきだとされる方法であり、解決すべき課題に関連するデータの収集と分析基盤の作成、分析実施の順にプロセスを進めていきます。

　トップダウンアプローチには次のようなメリットがあります。

トップダウンとボトムアップアプローチ

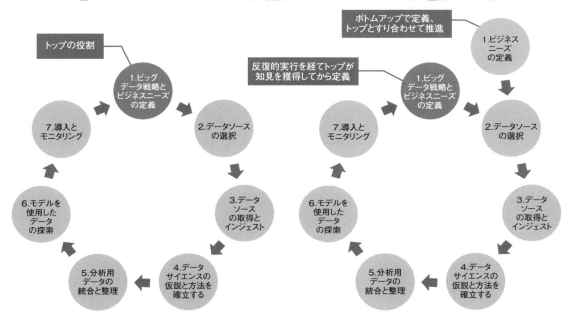

大きな変革ができる

　トップの指示によって組織を横断した取り組みとなり、部門の垣根を越えた業務プロセスやビジネスモデルの変革につながります。実行のための予算もより多く取れる可能性が高くなります。

スピードが上がる

　組織の上層部が統制するため、部門間の調整にかかる時間が短縮します。

　トップダウンで進める場合は予算と人材を確保しやすく、足りない人的リソースを外部から調達する選択も採れます。一方、このアプローチはトップに、どのような課題が解決できる可能性が高いかといったデータ分析に関する知見が要求されます。トップがデータを基にした判断に慣れていない、あるいはデータ分析

技術の進歩の度合いが分からない場合、適切な課題を出すことが困難です。トップに知見がないままこの方法を採ると、成果を出せずに終わるリスクが高くなります。

ボトムアップアプローチによるデータ活用

　ボトムアップアプローチの場合、中間管理職以下の社員がデータを活用することで解決したい課題を発案します。部門内に閉じて大きな予算を必要としない施策は実行しやすく、部門をまたがった業務変革や大きな予算が必要な施策は経営層の承認を得て実行に移されます。ボトムアップアプローチは、ミドル（中間管理職）が起点となってアクションを始めるケースが多く、ミドルアップダウンと呼ぶこともあります。

　ボトムアップアプローチには次のようなメリットがあります。

課題設定が現実的になる

　日常的に業務を実行している担当者が発案するため、現実離れするリスクが低くなります。半面、現状困っていることの改善にとどまる傾向があり、ビジネスモデルの変革につながるようなアイデアが出にくい傾向があります。

主体性が生まれる

　社員が自ら発案して進める形になるため主体性が生まれます。変化のスピードが上がるにつれて自律的に動く人材が求められるようになり、現場主導で改善、改革を進められる人材の育成に有用です。

　多くの国内企業は現場力が強く、現場主導で競争力をつけてきました。ボトムアップアプローチは強い現場力を生かせる方法です。しかしボトムアップアプローチだけでは本格的な変革を起こせる可能性は低く、ボトムアップの良いところを残しつつ、トップダウンで変革につなげる方策を採る必要があります。

ボトムアップはガバナンスに課題
図　トップダウンとボトムアップの役割

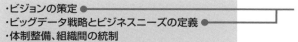

トップダウンが弱い場合の問題点

・ビジョンの策定
・ビッグデータ戦略とビジネスニーズの定義
・体制整備、組織間の統制
・意思決定
・データガバナンス

目標設定の指針を発信できずデータで解決する課題が定まらない

データ分析で得られた知見が活用されない
組織横断でガバナンスを効かせられない

・データ分析の実行とレポート
・業務改善の実行
・組織内での学習、育成
・データ戦略に関する提言

変革につながる課題設定がしにくい。トップが受け入れ可能なテーマを想定する必要がある

ボトムアップアプローチを起点にしたDXの推進

　トップダウンアプローチを最初から採用しづらい場合、ボトムアップアプローチを起点として推進することを考えます。本来トップが目標・課題設定するところを現場で設定した上で、トップと擦り合わせながらプロセスを進めます。

　この際、トップとのコミュニケーションが重要になります。データサイエンスでは、データを基にしてインサイトを得たもののビジネスに生かされないという失敗が頻出します。データを基にして意思決定をするスタイルの組織ではない場合、経験知に反するファクトは容易には受け入れられず、経営がやりたい方向と異なる場合は採用されにくいためです。データを基にして意思決定できる領域、経験知を疑っている領域がどこなのかといった反応を得られると、意味のあるデータ分析のテーマ設定がしやすくなります。

　トップの認知を得てデータ分析を実行していき、部門内にとどまる改善であっても成果が出れば、他部門に広げたり、より組織横断的な変革に取り組んだりというトップダウンアプローチにつながりやすくなります。DMBOK2 のデータサイエンスのアプローチで言うと、「ビッグデータ戦略とビジネスニーズの定義」以降の流れ自体はトップダウンであれボトムアップであれ変わりません。

　データマネジメント業務においてデータ活用の影響を受けるのはデータガバナンスです。トップダウンで進める場合は当初から企業内の統制を取って進められますが、ボトムアップアプローチの場合は組織横断でガバナンスをかけることが非常に困難です。データガバナンスは部門内にとどめて、トップダウンアプローチで進行するようになってから組織横断のガバナンスをかけていきます。

　後からガバナンスをかけるのは既存業務に制約をかけることになるため、反発を受けやすく、時間とコストがかかる作業になります。このような場合に選択肢として検討できるのが 4-1 で紹介したデータメッシュです。トップダウンで進められないかを検討した上で、困難な場合は実現可能な方法を調整します。

　ボトムアップアプローチを起点に進める場合、たいてい大きな予算は確保できません。部門内の取り組みとはいえ多くの工数をかけられず、外部のベンダーに委託するのも困難でしょう。うまく進めるには低コストで実行できる方法を採る必要があります。

　このような場合、検討に値するのがクラウドサービスの利用です。実行できる範囲に制約はあるものの、コストを非常に低く抑えられます。ただし、データ量が多いとコストに影響します。精度や網羅性とのトレードオフにはなりますが、部分的なデータを対象にすることも検討します。

クラウドサービスを利用して小さく始める

　ボトムアップはデータの「民主化」にも通じるアプローチです。民主化の進展には容易に使えるサービスやツールが低コストに行き渡ることが重要です。これ

初期的なデータ分析を低コストで始める

図 クラウドサービスを使ったデータ分析環境の例

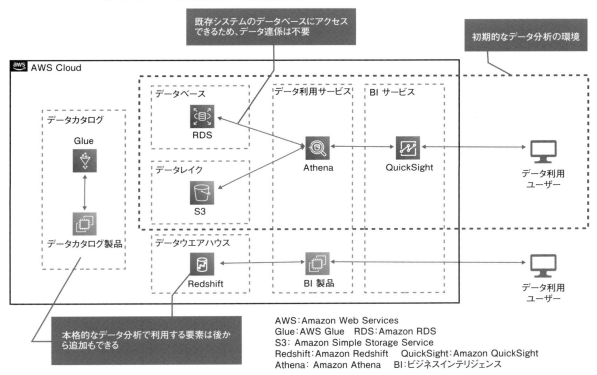

既存システムのデータベースにアクセスできるため、データ連係は不要

初期的なデータ分析の環境

本格的なデータ分析で利用する要素は後から追加もできる

AWS：Amazon Web Services
Glue：AWS Glue　RDS：Amazon RDS
S3： Amazon Simple Storage Service
Redshift：Amazon Redshift　QuickSight：Amazon QuickSight
Athena： Amazon Athena　BI：ビジネスインテリジェンス

に応えるように、データマネジメント領域で低コストな使い勝手の良いサービスが生まれています。ボトムアップアプローチを起点とする際にクラウドをどのように利用するかについて、米アマゾン・ウェブ・サービス（AWS）のサービスを例に説明します。

データ分析のためのサービスが「Amazon Athena」です。Athena はストレージサービス「Amazon Simple Storage Service（S3）」に格納されている CSV などのファイルやリレーショナルデータベースサービス「Amazon Relational Database Service（RDS）」が管理するデータに対して分析クエリーを発行でき

るマネージドサービスです。標準 SQL に準拠しています。SQL で実行できる分析であれば対応できます。

　分析の際、アクセスするデータ量に対して課金されます。料金はデータ量 1 テラバイト当たり 5 ドル程度です。データ量を抑えることで低コストで運用できます。既存システムとして RDS を利用している場合、データを S3 などに移すことなく Athena で分析できるため、データ連係のための工数もかかりません。データ分析についてまずは Athena を中心とした簡易な環境で始め、トップダウンによる本格的なデータ分析に取り組む際に、より高機能・高性能なデータ分析用のデータ基盤への変更を考慮します。

　データ基盤にデータカタログを用意するケースがあります。専用サービスは高機能で使い勝手は良いものの料金が高い場合が多く、ボトムアップで予算を十分に取れないケースには適しません。ボトムアップで部門内に閉じた利用であればデータカタログ製品の必要性は高くありません。当初は Excel などで簡単に整理しておき、本格的にシステム化する際に商用のデータカタログ製品にデータをインポートして利用するといった方法を採れます。

　グラフィカルな操作で分析する場合は、やはり従量課金で利用できる BI（ビジネスインテリジェンス）サービスである「Amazon QuickSight（QuickSight）」を利用します。QuickSight は Athena をデータソースにできます。エンジニアが Athena に直接接続して分析クエリーを発行して、非エンジニアが QuickSight で画面操作によってデータ分析するといった併用もできます。BI ツールには SaaS（ソフトウエア・アズ・ア・サービス）として従量課金で提供されるものが出てきており、QuickSight と同様の位置付けで利用できる BI ツールの選択肢が増えています。

　AWS 以外のパブリッククラウドでも同様の構成を採れます。データ分析の成熟度が上がるのに合わせてデータ基盤に段階的に投資していけるのもクラウドのメリットです。データ分析のためのあるべき環境を定めつつも、小さく始めるこ

とを考えるとよいでしょう。

4-3

データ基盤運用に求められる DB信頼性エンジニアリング

DXに関わるシステムのデータ基盤運用はシステム停止の捉え方などが異なる。
改革の速度を上ながら安定性と運用コストを維持する目標が求められる。
この両立を目指す手法が「データベース信頼性エンジニアリング（DBRE）」である。

　　データ基盤の運用について、DMBOK（Data Management Body of Knowledge）2では「データストレージとオペレーション」の領域として定義しています。データ自体の運用はここには含まれていません。データマネジメント組織では、データベースエンジニア（データベース管理者、DBA）が担当する業務です。

　　クラウド、特にDX（デジタルトランスフォーメーション）に関わるシステムのデータ基盤運用は、オンプレミスの基幹システムを中心とした運用と大きく異なります。従来は安定性を重視し、できるだけデータ基盤を変更しないように保守的な運用をするのが主流でした。

　　DXはこれまでより高い頻度でシステムを変更し、イノベーションを起こすことを目標にします。積極的に改善・リリースしたい開発チームに対して、安定性を重視して慎重に計画的にオペレーションしたい運用チームが過度にブレーキをかける事態になりかねません。DXを進めるには、開発スタイルだけでなく運用スタイルの変革も不可欠です。

　　労働人口の減少、エンジニアの採用難といった社会的背景も、運用スタイルの変更を促します。これまでデータベース運用は、障害対応やオペレーショナルな作業を中心とした、付加価値を生まない経費（コストセンター）でした。効率化してイノベーションに貢献する組織に変わらないと立ち行かないという現実に直

面しています。

　そこで登場したデータ基盤運用の実践的な取り組みが「データベース信頼性エンジニアリング（DBRE、Database Reliability Engineering）」です。DBRE はシステムに求められる信頼性をエンジニアリングによって実現しようとするもので、データ基盤の運用作業を担当する DBA を「データベース信頼性エンジニア」へと変えるものです。

　以下では、DBRE について従来型のデータ基盤運用と対比しながら説明したうえで、その実践内容とクラウドで業務を実行する例を解説します。

DBREはSREのDB版

　DBRE は、サイト信頼性エンジニアリング（SRE）の DB 版です。SRE は、米グーグルが開発したサービスの信頼性を高めるための戦略的アプローチです。戦略的と書いた意図は、イノベーションの速度を高めながら安定性と運用コストを維持するという相反する目標の両立を目指しているからです。

　SRE は安定性だけではなく、システムの更新による改善も成果として追及します。同時に、プロアクティブに自動化と改善を繰り返しながらコスト（工数）の増加を抑えて品質を高めます。運用業務にソフトウエアエンジニアリングの知見を持ち込んで変革を起こす発想です。

　SRE がインフラ全体の運用を対象にするのに対して、DBRE はデータ基盤を対象にします。データ基盤とその他のインフラでは業務を実行するためのスキルセットと職種が異なります。そのため、SRE の考え方を流用して DBRE が発案されました。DBRE は、DBA をオペレーショナルな作業を担当する作業者ではなく、エンジニアリングができる付加価値の高いエンジニアになることを求めています。

　DBRE はイノベーションを加速する DX を進めるための必要性から生まれたも

DBREはサイト信頼性エンジニアリング（SRE）のDB版

表　DBREと従来型のデータ基盤運用の違い

	従来型のデータ基盤運用	DBRE
データ基盤の変化	数年に一度再構築。それ以外の期間はできるだけ変更しなくて済むように管理	短期的に部分設計・変更を繰り返して成長させていく
目標	トラブルの最小化	信頼性目標の達成とシステム改善の両立
業務内容	作業メニューベースでの固定的な運用オペレーション	信頼性にひも付く業務を動的に実行。自動化と改善に工数の一定割合を割く
保守作業	パッチ適用、領域管理などを手作業で実施	オペレーションの多くが自動化されており不要
開発チームとの関係	縦割りで障害対応などの際に必要なコミュニケーションを取る	協力関係。データモデル、クエリーの品質をプロアクティブに改善する支援をしてトラブルを防止

のです。DBREは「100％やるか」「全くやらないか」ではありません。どこにどの程度、DBRE的手法を取り入れるかはシステムごとに決めます。データ基盤以外のインフラ運用を担当するSREとの関係性が深く、同時に取り組むと進めやすいと言えます。

信頼性を定義する

　DBREの実践には、まずシステムのサービスレベル目標（SLO、Service Level Objective）を定めます。SLOは目標であり、業務遂行の際の重要な判断材料になります。SLOはいくつかのサービスレベル指標（SLI、Service Level Indicator）で構成します。測定可能な指標をいくつか選定し、順守しているかを確認することでSLOが達成されているかを評価します。

　SLIの代表例は稼働率です。データ基盤が正常に利用できる時間の割合で、一定期間内の総時間数のうち正常に利用できる時間数の割合です。99.9％の場合は年間8.76時間までの停止が許容され、99.99％の場合は年間52.56分の停止に抑える必要があります。

　稼働率を例に取ると、停止時間をエラーバジェットと呼んで予算のように管理

サービスレベル目標（SLO）を定める

図　SLO管理とエラーバジェット運用の概要

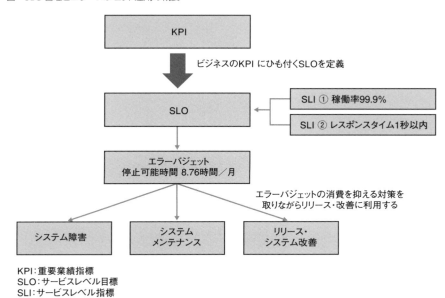

KPI：重要業績指標
SLO：サービスレベル目標
SLI：サービスレベル指標

するのがDBRE（SRE）の大きな特徴です。

　DXを加速しようとするとアプリケーションリリースやシステム更新の頻度が
上がります。リリースやシステムメンテナンスのための前向きな停止をシステム
障害による停止時間と合わせて、エラーバジェットに収まる範囲で積極的に計画
します。停止時間を極力小さくすることを目指す従来型の運用とは異なる点です。
システム停止およびリリースによって発生する停止時間を小さくし、多くの前向
きなシステム改善の実行を成果として目指します。

　システムの停止時間を短くするには、リスクアセスメントによって想定される
発生頻度と停止時間の大きなリスクへの対策を取ることや、障害が発生しても自
動復旧する構成にすること、早く検知して早期に復旧する対策をすること、無停
止もしくは短時間でバージョンアップできるサービスを選定することが考えられ

ます。

　リリース間隔を短くするには後述する無停止でのリリースを実現する仕組みの採用を検討します。エラーバジェットを守りながらシステムの改善を進められるように対策コストと合わせ、取り組む施策に優先順位をつけて実行します。

　データ基盤はシステム停止やパフォーマンス低下の要因になることが多く、SLO 管理の必要性が高いと言えます。SLI の代表例としては、稼働率の他にレスポンスタイム（1 回のリクエスト実行にかかる時間）、スループット（単位時間当たりに実行可能なリクエスト数）があり、これらを組み合わせて SLO を定めます。

　レスポンスタイムはシステムのユーザーが操作をして結果が戻るまでの時間を指します。データ基盤はシステムの一部であるため、DBRE で定めるレスポンスタイムは全体のレスポンスタイムより短い値にします。

　SLO ／ SLI を定めるにはビジネス的な視点が不可欠です。ビジネス的視点で定められた KPI（重要業績指標）があり、KPI からシステムの SLO ／ SLI に落とし込むのが理想です。しかし現実にはビジネスでの KPI にひも付けてシステムを管理できている例は多くありません。SLI を厳しくすると対策コストは指数関数的に上昇します。コストと、サービス停止、性能低下による機会損失、エンゲージメント低下を通して発生する損失の各バランスが取れる目標値になるよう検討します。

自動化と改善に工数を配分する

　DBRE では自動化と改善に工数を配分することが推奨されます。DX のためのデータ基盤は変化が大きいため、対策を講じないと運用工数が膨らんでいく傾向があります。人的リソースが定常的な作業に忙殺され、前向きな改善に時間が取れなくなるのはシステム運用の現場でよく見られます。そうならないよう、運用業務の自動化に一定の工数を配分するよう管理します。正しく自動化すると工数を削減でき、人手の作業を排除することで品質も向上します。

業務の改善内容としては次のようなアクションが考えられます。

モニタリング

データ基盤の状態を自動的に可視化して、リポーティングにかかる工数を削減します。異常な状態の通知、ログの統合管理によってインシデント対応にかかる工数を削減します。

ポストモーテム

インシデントの原因を分析して問題点の発見と対策を検討する作業をポストモーテムと呼びます。再発防止策を取ることで将来のインシデント発生を抑え、品質向上と工数抑制を目指します。

学習

DBRE チームメンバーがスキルを獲得するために、トレーニングやノウハウの共有をします。DX に用いるデータ基盤には新たな選択肢が生まれています。学習して取り入れることができれば運用業務の改善につながる可能性があります。

開発チーム支援

データモデルやクエリーの品質レビュー、技術レクチャーをします。開発生産性を上げながらパフォーマンスダウンの要因に対して開発工程の早い段階で対処します。

このサイクルが正しく進むには相応のスキルと経験を要します。DBRE はエンジニアリングであり、経験を積んだエンジニアを充てます。プロセスを導入すればオペレーターで実行できるものではありません。通常、既存の運用組織にとって獲得がより難しいのが、ビジネスを理解して能動的に改善するマインドセットです。行動変容を伴う運用スタイルの変更になるため、既存の運用組織からDBRE に移行するには体制の変更か期間をかけての変化など、チェンジマネジメントの必要性が生じます。

DBREの業務改善に利用できるクラウドサービスが存在

図　クラウドサービスによるDBREの実現例

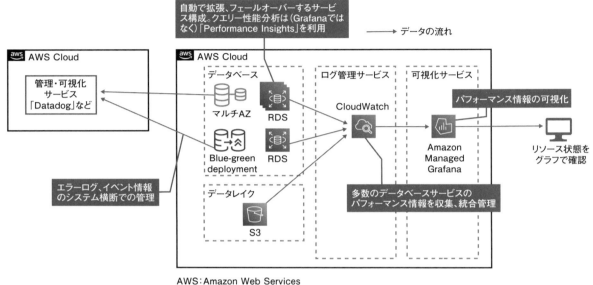

AWS：Amazon Web Services
AZ：Availability Zone
RDS：Amazon Relational Database Service
S3：Amazon Simple Storage Service
CloudWatch：Amazon CloudWatch

クラウドでDBREを実現

　DBREの業務改善に利用できるさまざまなクラウドサービスが存在します。ここではAmazon Web Service（AWS）での構成を例に説明しますが、同様の構成を他のパブリッククラウドでも採れます。

　データ基盤を構成するノードに障害が発生した際でも継続運用ができるように、DBサービス内で自動的に冗長化してフェールオーバーする構成が一般的です。サービス選定では、バージョンアップ、セキュリティーアップデートを無停止で実行可能かを確認します。無停止での実行が広まりつつありますが、主要なDBサービスには一部アップデートで停止時間が発生するものがあるため注意し

ます。リリースする際に、無停止でのリリース方式の1つである「blue-green」デプロイに対応するサービスもあります。

　モニタリングの自動化に対応するサービスも一般化しています。ログについてはパブリッククラウドの基本的なサービスによって、かなり集約した管理ができます。可視化の仕組みとしてよく利用されるのがOSS（オープンソースソフトウエア）のGrafanaです。AWSではGrafanaをマネージドサービスとして利用できるようにした「Amazon Managed Grafana（AMG）」を提供しています。AMGは他の基盤が蓄積したデータをグラフィカルに表示します。データソースとして「Amazon CloudWatch」に対応する他、OSSの「Prometheus」というパフォーマンス情報の収集・蓄積ツールと組み合わせて利用するケースがよく見られます。

　このようなシステムの状態を可視化することをオブザーバビリティー（可観察性）と呼び、複雑化したシステムの状態を一元的に管理、可視化するために利用されます。SaaS（ソフトウエア・アズ・ア・サービス）として利用できるサービスとしては米データドッグの「Datadog」、米スプランクの「Splunk」、米ニューレリックの「New Relic」などが有力です。

　これらのサービスはセキュリティーインシデントなど、より多様な情報を扱える機能性を備え、運用業務の生産性をさらに高められる可能性があります。データ基盤には、クエリー性能、監査ログが独自形式となっており汎用ツールでの解析が難しい場合があります。対応するサービスもしくは専用ツールの利用を検討するとよいでしょう。

　こうした仕組みを利用する他、環境の作成や変更内容を定義体、コードとして管理して再利用性を高めると省力化と品質向上につながります。コードで環境管理しやすいのもクラウドの特徴です。クラウドは従量課金であることから、料金を抑えることも運用の重要な業務です。料金をモニタリングして無駄をなくす改善をすることを「FinOps」と呼びます。

　クラウドサービスの利用による自動化の流れは続いており、これからも運用業務の改善につながるサービスが出てくると考えています。新たなサービスやツールを継続して学習する姿勢が欠かせません。

データマネジメント用語集

本書に登場する用語からデータマネジメントを理解する上で役に立つ以下の用語を解説します。

データマネジメント用語集

API

　API（エーピーアイ）とは「Application Programming Interface（アプリケーション・プログラミング・インターフェース）」の略で、異なるシステムやソフトウエアが互いに通信し、情報をやり取りするためのルールや手続きを定めたものです。

　スマートフォンの天気アプリを例に取ると、天気予報の情報を表示する際にはAPIを通じて天気予報サービスからデータを受け取って表示します。DX（デジタルトランスフォーメーション）のプロジェクトでは、データを活用して早く成果を上げるために、様々なシステム間で素早くデータを連係させる必要があります。

　ここで重要な役割を果たすのがAPIです。APIを用意しておくと、新たにデータ連係したくなった際に毎回データ連係プログラムを開発する必要がなく、APIを利用するだけでよくなります。APIを利用することで、時間を節約し、ミスを減らすことができ、結果としてビジネスの効率化とスピードアップを実現します。

　APIはクラウドサービスで一般的に用意されている他、企業内で作成することもできます。繰り返し利用される機能をAPIとして作成、再利用できるようにするとスピードと品質、コストの面で改善する可能性があります。

ETL

　ETL（イーティーエル）とは、「Extract（抽出）」「Transform（変換）」「Load（読み込み）」という、データが保管されている場所から、データを利用する場所に、整理しながら取得する3つのプロセスを指す用語です。

　通常、企業内には経理システム、顧客データベース、販売管理システムなどがあり、異なる場所に異なる形式でデータを保有しています。そのためデータをまとめて分析するには、散らばっているデータを分析するシステムに集約する必要があります。その集約のプロセスがETLです。

　具体的には以下のようなステップで構成します。まず「Extract」では、データを保有するシステムから必要なデータを取り出します。次に「Transform」の段階では、収集したデータを利用目的に合った形に変換します。例えば数字の単位を統一したり、重複する情報を1つにまとめたり、データの不整合を修正する作業などを含みます。この変換をすることで、データが分析しやすくなり、より有効に、効率良く活用できます。

　最後の「Load」では変換されたデータを分析のためのデータベースやデータウエアハウス（DWH）に取り込みます。このデータベース内では、情報が整理され一元管理されるため、迅速かつ柔軟に様々な分析が可能となります。ETLはデータを活用するための必須のプロセスです。データが増え続ける現代では、ETLのプロセスを効率化することがスピーディーなデータ活用を進める必要条件です。

NoSQL データベース

　NoSQL（ノーエスキューエル）データベースとは、従来の表形式のデータベース（RDB、リレーショナルデータベース）と異なり、様々なデータ形式を柔軟に扱えるデータベースです。

　DX において、企業は多様な種類のデータを迅速に扱い、活用することが求められます。例えばソーシャルメディアの投稿、センサーからのデータ、顧客のオンライン行動など、様々な形のデータを集める必要があります。

　NoSQL データベースはこのような構造化されていないデータや半構造化データを効率的に保存し、処理することが得意です。NoSQL データベースにはいくつかのタイプがあり、データのタイプや想定される処理内容に合ったものを選択します。

　NoSQL データベースの利点はその柔軟性にあります。データ構造をあらかじめ厳密に決める必要がなく、新しい種類のデータが出てきても対応しやすい利点があります。軽量で大量のデータを迅速に処理する能力を備えており、ビッグデータの時代に適しています。半面、複雑な検索条件でデータを取得することは苦手です。

　DX を進めるにあたって、適材適所で NoSQL データベースを使いこなせれば多くのバリエーションのデータや処理要求に応えることができます。

SaaS

　SaaS（サース）とは、「Software as a Service、ソフトウエア・アズ・ア・サービス」の略で、インターネット経由で提供されるソフトウエアサービスのことです。ある特定の機能を持つソフトウエアを、自分たちのパソコンやサーバーにインストールせずに、オンライン上で利用するという形態です。

　データマネジメントにも SaaS が力を発揮しています。新たに出現しているデータマネジメント用の SaaS は、これまで複雑かつ専門的な知識を要していたデータ整理や分析を、より簡単に、かつ効率的に実施できるようにしています。例えば、顧客データを一元管理し、そのデータから顧客の行動傾向を読み解く、といったことが Web ブラウザーでの操作でできるようになっています。

　こうした SaaS によるサービスは、月額料金で利用できることが多く、高価なシステムを自社で保有・運用するコストを削減できる上に、インターネットに接続していればどこでもアクセス可能なため、柔軟かつ迅速なビジネス運営を支援してくれます。

アーカイブ

アーカイブとは、一般に重要なデータや文書を長期間保管することを指し、ビジネスの世界では企業の記録管理に欠かせない役割を果たしています。特にクラウド上でのデータレイクという概念が登場してからは、膨大な量のデータをインターネットを通じて保管し、管理する方法が一般化してきました。

データレイクでのアーカイブは、主に使用頻度は低いものの、法的要件や将来の分析のために保存が必要なデータを、コストを抑えつつ安全に保管する方法を指します。データレイクには、データを取り出すスピードなどの性能を抑える代わりに、コストを低く抑えたアーカイブ用の利用モデルが用意されています。

アーカイブは法令順守の側面でも重要であり、必要に応じて適切な情報を取り出せるように管理する必要があります。アーカイブシステムの利用により、データは適切に分類され、長期にわたって安全かつ効率的に利用することが可能になります。

アジャイル型開発

アジャイル型開発とは、ソフトウエア開発の一手法で、柔軟性を重視し、迅速に変化するビジネス環境やユーザーの要求に応じて製品を改善していくスタイルのソフトウエア開発手法です。

伝統的な開発方法の場合、事前に計画を綿密に立て、長い期間をかけて一気に完成させる「ウオーターフォール型」と呼ばれる手法を採用するケースが多く見られました。しかし、この方法では予期せぬ変更が発生した際の対応が難しいという問題があります。

DXのためのシステム開発は変化に対応することの重要性が高く、多くはアジャイル型開発が適しています。この開発スタイルは、プロジェクトを短い工程に分け、それぞれで実用的な製品の一部を完成させていきます。都度、ユーザーや関係者のフィードバックを取り入れながら、製品を改善・進化させていきます。

データを活用するシステムであれば、最初は基本的なデータ分析機能から始めて、ユーザーの使いやすさや求める機能に応じて次第に高度なデータ可視化や予測機能を加えることで、ユーザーにとって最適なシステムへと成長させることができます。

インテグレーションコスト

インテグレーションコストとは、1つのまとまったシステムをつくる際に、その構成要素となるソフトウエアやハードウエア、サービスを適切に組み合わせて正しく動作するように設計・構築するにあたってかかるコストのことです。

自分たちで組み合わせを考えて構築・運用すると、エンジニアの作業時間や外部の技術サービスの利用料が発生します。クラウドサービスの場合、あらかじめ組み合わせて正しく動作することが確認された構成がサービスとして提供されるため、設計、構築する際のインテグレーションコストを抑えられます。

ウオーターフォール型開発

　ウオーターフォール型開発とは、プロジェクトを段階的に進める古典的なソフトウエア開発手法です。

　滝が流れるように一方向にだんだんと進む流れを表しています。この手法では、開発をいくつかの明確なフェーズ（段階）に分け、各段階を1つひとつ順番に完了させていく方式を取ります。具体的には、最初にシステムが何を実現しなければならないか（要件定義）、それをどのような仕組みで達成するか（設計）、プログラミングして（製造）、動作を確認して問題がないか検証（テスト）し、最後にユーザーの手に渡すまでの（運用・保守）各段階を順にこなします。

　ウオーターフォール型開発の特徴は、前の段階が完全に終わってから次の段階に移ることです。そのため「計画通りに進めやすい」「全体の流れが分かりやすい」といったメリットがあり、要件が明確で変更が少ないプロジェクトでは依然として有効な手法と考えられています。

　一方で「変更がしにくい」「実際の利用者のフィードバックを取り入れにくい」といったデメリットも持ちます。DXでは、迅速な市場への対応や顧客の要求の変化に柔軟に対処することが求められるため、ウオーターフォール型開発は批判されることがあります。これに対して、変化に対応しやすい開発手法の代表例に「アジャイル型開発」があります。

オブジェクトストレージ

　オブジェクトストレージは、インターネット上で大量のデータを保存・管理するためのシステムです。PCやサーバー内でのファイル保存方法とは異なり、データを「オブジェクト」という単位で扱います。例えば文章ファイルや写真などを1つの「オブジェクト」として保存し、それぞれに独自の識別番号（ID）と詳細情報（メタデータ）をつけて管理します。

　オブジェクトストレージの特徴は、情報の量が非常に多くなっても効率良く扱えることです。ファイル名やフォルダー構造に依存しないため、膨大なデータの中から必要な情報を素早く見つけ出せます。データの量が加速度的に増えている昨今、データを迅速に取り扱う際のアドバンテージとなります。

　クラウドサービスを利用した「データレイク」という概念と結びついています。データレイクは、様々な種類のデータを1つの大きな器に集めるようにして保存するアイデアです。オブジェクトストレージはこのデータレイクの実現に適しており、ビジネスで利用する様々なデータを1カ所で効率的に管理できます。

学習コスト

　学習コストとは、新しいシステムや技術を使いこなすために必要な時間や費用のことを指します。費用には、学習に時間を費やすことで他の業務ができなくなる機会損失も含みます。

　データマネジメントに役立つ優れたツールやサービスでも、それを効果的に使用するには、まずそのシステムの仕組みを理解し、使い方を学ばなければなりません。この学びの過程で必要となるのが「学習コスト」です。

　具体的には、担当者がトレーニングを受けたり試用する時間、外部の支援機関に支払う費用、新システムへの移行に伴う作業の遅れなどを含みます。最初にうまく使いこなせないことによるストレスやミスも、心理的な学習コストと言えるでしょう。

　こうした学習コストをできるだけ抑えながら効率的に新技術を習得することが重要です。そのために、ユーザーフレンドリー（使いやすい）なシステム選び、段階的なスキル習得計画、実務での支援体制などを考えます。学習コストを考慮したサービス選択、マネジメントをすることで、スムーズに新しい技術への移行ができ、結果として生産性の向上につながります。

クエリー

　クエリーとは、データベースから必要なデータを取り出すための命令です。例えば顧客情報の中から特定の地域や年齢の範囲のような条件を指定して、データベースに問い合わせて結果を得ます。

　クエリーはデータベースの製品やサービスがサポートするコードで記述します。最も一般的にサポートされるのは SQL（Structured Query Language）と呼ぶ言語です。シンプルな問い合わせをするための SQL であればそれほど難しいものではなく、エンジニアでなくても習得できます。

　近年は生成 AI（人工知能）を利用して自然言語での問い合わせをクエリーに自動変換してデータを取得できるようになりつつあります。このような機能を備えた製品やサービスを利用すれば、一般のビジネスパーソンにとっては自然言語で正しいデータ取得条件を表現することが、クエリー作成作業であると捉えられるでしょう。

クエリー実行結果をキャッシュ

　クエリー実行結果のキャッシュとは、一度実行したクエリーの実行結果をデータ基盤で保存しておくことです。同じクエリーが実行された際、データ基盤はキャッシュした実行結果を返して、再度実行することはありません。こうすることでクエリー実行にかかる時間をなくして早く結果を返すことが可能になり、さらに消費されるコンピューティングリソースを減らしてコストを下げることができます。

　キャッシュはデータ基盤の中のメモリーに保存され

ます。頻繁に実行されるクエリーの結果ほど、より長い期間保存され、あまり実行されないクエリーの結果はそのうちメモリーから削除されます。クエリー実行結果のキャッシュはデータ基盤の中核機能ではなく、より高度な機能を持つ製品やサービスが搭載するものです。

クリティカルパス

クリティカルパスとは、プロジェクトの開始から終了までの中で、遅れが生じると全体のスケジュールに影響を及ぼす最も重要な作業の流れを指します。この流れに含まれる作業を遅らせると、プロジェクト全体の完成が遅れる原因になります。

あるプロジェクトが複数の作業から成り立つとします。それらの作業は同時並行で進められるものもあれば、ある作業が終わって初めて次に進めるものもあります。後者のような依存関係にある作業が、クリティカルパス上にあると言えます。

DX を推進する場合、テクノロジーの導入計画やデータ分析、新しいビジネスモデルの検討など、多くの重要なステップが存在します。クリティカルパスを把握することで、各ステップがプロジェクトに与える影響を正しく見極め、リソース（人材や時間、予算など）の配分を最適化したり、重点的に管理する作業を決めたりできます。

クリティカルパスを知ることが、プロジェクトが滞りなく進むための道筋を描き、優先すべき作業を明確にすることに役立ちます。プロジェクトマネジメントの重要な要素です。

クレンジング

クレンジングとは、データを「きれいにする」作業を指します。ビジネスで使う様々なデータは、必ずしもきれいで整っているわけではありません。間違いが含まれていたり、重複していたり、欠けている部分があったりします。こうした問題を解決するための作業を「クレンジング」と言います。

例えば顧客の住所リストがあったとします。このリストには誤字が入力された住所や、古くなって変わった住所が混ざっているかもしれません。同じ顧客を複数回登録していることもあるでしょう。このようなデータを基に分析した結果を利用すると、ビジネス上の判断やコミュニケーションに支障を来します。

クレンジングは、まずデータの中の誤りを見つけ出します。それから正しい情報に修正したり、同じデータをまとめたり（名寄せ）、足りない情報を補ったりして、データをより使いやすく、信頼のおける状態にします。この作業は単純ながら、データ分析結果の精度に直結するため非常に重要です。データの質が高ければ、より正確な分析が可能となり、結果として企業の戦略立案やマーケティングの精度向上につながります。

構造化データ／半構造化データ／非構造化データ

　構造化データとは、例えば Excel の表のように、はっきりとしたルールに従って整理されたデータのことです。データベースに登録される顧客情報や売上高データなどがこれに該当します。他のデータとの関連も明確で、検索や分析がしやすくなっています。

　半構造化データは、E メールや JSON、XML ファイルのように、ある程度ルールがあるものの、構造化データほど厳密ではないデータです。タグやキーワードが使われているため、ある程度は自動で情報を読み取れるものの、構造化データほど分析が容易ではない場合があります。

　非構造化データは、テキスト文書、画像、動画など特定の形式に収まらないデータを指します。これらのデータは量が膨大で多様なため、情報の抽出や整理に難しさがありますが、近年の AI（人工知能）技術の進歩により、これらのデータからも価値ある洞察を引き出せるようになってきています。

　DX では、これらのデータをどう効率的に活用し、ビジネスに役立てるかが重要なポイントになります。データの種類を理解し、それぞれに適した分析ツールや手法を用いることで、企業は新たな価値を創造し、競争力を強化できます。

コンソール

　コンソールとは、ここではインターネットを通じてアクセスできる、パブリッククラウドサービスを制御・管理するための専用の Web ページを指します。パブリッククラウドは、複数のユーザーに向けて提供される共有型のコンピュータリソースを指し、データの保存やアプリケーションの実行などができます。

　クラウド上のリソースを管理する際、コンソールが非常に便利です。Web ブラウザーからログインすることで、パソコンやスマートフォンなど、様々な端末からでもアクセスできます。画面上には使いやすい形で情報が整理されており、画面上で新しいサービスの作成、既存のサービスの変更、利用状況の確認などの操作ができます。

　以前はエンジニアが数時間かけて実行していた作業が画面操作だけで数分で実行できるようになったことが多く、柔軟かつ効率的に IT リソースを管理したい時、コンソールは重要なツールとなります。

　直感的に操作できるようデザインされているケースが多いものの、内容を理解して使うには専門的な知識が必要となり、基本的にはエンジニアあるいは IT リテラシーの高いユーザー（データサイエンティストなど）が主な利用者です。

コンピューティングパワー

　コンピューティングパワーとは、コンピューターなどの電子機器が持つ処理能力のことです。

　ソフトウエアを使ったり、データの計算や解析をしたりする際、これらの作業をスムーズかつ迅速にこなす能力が必要です。コンピューティングパワーが高いほど、より複雑な作業や大量のデータも素早く処理でき、効率的に業務を進めることができます。

　コンピューティングパワーは、主に CPU（中央処理装置）の性能に影響されます。CPU はコンピューターの「頭脳」のようなもので、指示を受け取り、計算やデータ処理をします。大量のデータを利用する際はメモリーの容量も全体のパフォーマンスを左右します。大量のデータを高速に処理するには高いコンピューティングパワーを持つデータ基盤を用意することになります。クラウドではコンピューティングパワーに比例してコストが上昇しますので、ビジネスで創出される成果と経済性のバランスが取れるよう設計します。

サーバーレス

　サーバーレスとは、パブリッククラウドで提供されるサーバーであることを意識する必要のないサービス、という意味の用語です。

　別掲する「マネージドサービス」よりも一歩進んでおり、サーバーとして管理する必要もなくしています。マネージドサービスでは運用をクラウドプロバイダーに任せることができますが、サーバーの管理は必要です。

　ここで言う管理とは、正常に動作しているかの監視

とトラブル対応、性能が足りなくなった際のリソース増強などです。サーバーレスのサービスでは監視やサーバー停止時の代替リソースでの稼働継続、リソースの管理も自動化されています。そのためさらに運用負担を減らせます。これによって、サーバーの運用・保守にかける時間やコストを削減でき、本来の業務に集中できるメリットがあります。

　小規模から始めて、後で事業が拡大した際にすぐに拡張できる柔軟性を持つのもサーバーレスの特徴です。ビジネスで重要なスピーディーな対応とコスト削減に有効な手段と言えます。データマネジメントの領域でもサーバーレスのサービスが次々と開発されておりトレンドになっています。

サイロ

　サイロとは、組織内部で情報やリソースが分断され、部門やチームごとに閉じている状態を指す比喩表現です。もともと農業で穀物を保管するためのタワー型の建物を指します。

　企業や組織において、各部門やチームが自分たちの業務に特化したデータ設計にして、他の部門との共有を考えないと、データがサイロになる状況が生まれます。データ活用の効率が落ちたり、データの構造や形式を合わせたりする作業が必要になり、重要な意思決定に必要な情報が不足する問題が発生します。

　例えば営業部門が顧客情報を持っており、マーケティング部門との共有に消極的だと、マーケティング活動の効果が下がる可能性があります。マーケティング部門が必要な顧客データにアクセスできないため、

顧客に適したキャンペーンが難しくなるからです。

　サイロ化を防ぐには、部門やチームの垣根を越えてコミュニケーションを活性化させ、データ設計を共通にします。サイロは根深い問題で、技術的な対策だけではなく組織文化の変容も同時に促すことで解決に向かうものです。

自動チューニング

　自動チューニングとは、コンピューターシステムやデータ基盤が、最適なパフォーマンスを出すように自動で設定を調整する技術のことです。

　データ基盤は、時間と共に使用方法が変わったり、データ量が増えたりすることで、動作が遅くなったり、効率が落ちることがあります。自動チューニングを使うと、こうした問題をシステムが自分自身で検出し、最適な設定に調整することによって、いつも最適な状態で動作を維持できます。

　クラウドサービスによっては、前回処理した際の性能を解析して、次回はより高速に処理できるよう調整します。これにより、人の手を煩わせることなく、システムの速度や効率を常に良好な状態に保ちます。利用者は待ち時間を感じることなく、快適にシステムを使い続けられます。

　チューニング作業は経験値が求められるものであり、ベテランエンジニアの技量を要します。自動チューニングはコンピューターやシステムが自分自身を常に良い形でメンテナンスするための機能であり、データ基盤管理の難度を下げて生産性の向上に貢献します。

スパイク型のシステム負荷

　スパイク型のシステム負荷とは、通常通り動いているコンピューターシステムに対して、突然多くの処理要求が来ることです。システムの処理能力を超えると、性能が落ちて処理に時間がかかるなどの現象が起こります。

　スパイク型のシステム負荷が起こる例として、セールの日に通販サイトに急にアクセスが増えてページが開きにくくなったり、注文が受け付けられなくなったりする現象が挙げられます。

　データ活用に伴い、新しいアプリケーションを次々につくっていくと、その一部に予想外のアクセスが集中することがあります。スパイクの予測は難しく、スパイク型のシステム負荷が発生した場合でも処理できるよう対策しておくことが現実的です。

正規化

　正規化とは、データを整理し、重複をなくして効率的に管理、活用できる構造にする方法です。別掲した「データ設計」で実行する設計作業の1つです。

　データを使う際、情報が散らばっていたり、同じ内容が重複していたりすると、間違った判断をしてしまうリスクがあります。管理の負荷もかかります。重複しているとデータの一部しか更新されずに矛盾が発生する可能性があります。

　正規化は、この問題を解決するために、データの構造を整える作業を指します。顧客情報を考えてみましょう。1人の顧客について、名前、住所、購入商品などの情報があったとします。これらの情報を1つの大きな表（テーブル）にまとめると、同じ顧客が複数の商品を購入している場合、名前や住所が繰り返し登録され、データが無駄に増えてしまいます。

　正規化することで、顧客情報は「顧客テーブル」、購入商品情報は「購入履歴テーブル」といったように適切に分けられます。これによりデータの重複や矛盾を防ぐことができ、必要な情報だけを迅速に取り出せるようになります。データを効果的に活用するには、正しく整理され、簡単にアクセスできる状態でなければなりません。そのために重要なのがデータ設計であり、正規化はその中心的な作業です。

待機コスト

　待機コストとは、特定の作業や作業者が次の行動を起こす準備が整うまで待たされる時間に関連して発生する隠れたコストのことです。

　データを集めて分析する場合を例に説明します。システム間でデータの連係・収集が必要な場合、その作業が煩雑で時間を要することが多く、その間担当するエンジニアは実際のデータ分析や利活用に携われない状態が生まれます。エンジニアの専門スキルを活用する場を持てずに待つだけで終わる時間が待機コストとして表れます。

　その間もエンジニアの給料は支払われますが、仕事が進まないので投資対効果が得られません。これは単に人件費だけでなく、市場投入が遅れることによる機会損失や競争力の低下といった間接的な損失も含みます。

　DXを推進する上では、この待機コストをできるだけ削減し、スムーズなデータ活用を実現することが重要です。待機コストの解消には自動化技術の導入や、データ連係プロセスの見直しなどが有効な手段となります。

データストア

データストアとは、データを蓄積する保管場所です。特に「データレイク」と呼ぶパブリッククラウド上に設けたデータの蓄積場所を指します。

データストアは、ビジネスで日々生成されるデータを効率的に保存し、必要な時に簡単に取り出せるようにするために活用されます。ただデータを保存するだけでなく、データの種類を問わず（文書、画像、音声、動画などすべて）、大量のデータも迅速に処理できる柔軟性を持っています。

従来のデータ保存方法に比べて、クラウドを利用することで物理的なスペースをとらずに済み、コスト削減にもつながります。さらに、データストアはセキュリティーも高く、外部からの不正アクセスやデータの損失を防ぐ安全措置も整っています。安全性が高く柔軟で低コストに利用できるデータストアがデータを活用する基盤になります。

データセキュリティープラットフォーム

データセキュリティープラットフォームは、企業がビジネスで使う機密データを守るためのプラットフォームです。「プラットフォーム」については別掲しています。

個人情報、製品の設計図、営業秘密など、不正アクセスや盗難から保護しなければならない機密情報はどの企業でも保有しています。データを守るには、データの匿名化や暗号化、アクセス権限の管理、アクセス履歴の記録、不正アクセスの検知など、多くの作業が必要になります。

作業量が多いとセキュリティー対策コストがデータ活用で得られる利益を上回り、データ活用のインセンティブを失わせることになりかねません。データセキュリティープラットフォームはクラウドサービスとして提供されており、データセキュリティーを保つ業務を少ない作業で実行できるように工夫されています。

データセキュリティープラットフォームをうまく活用できると、より小さな努力で安心してデータを活用できるようになる可能性があります。

データ設計

データ設計とは、システムやアプリケーションで扱う情報（データ）を分類、整理して定義づけることです。

データの名称（例：顧客氏名、商品名、価格）、表現形式（テキスト、数値）、桁数（100文字以内、整数）などを決めます。そして、これらの情報がどのように関連しているのか、最も効率的にアクセスするにはどのように保有すればいいかを考えるのがデータ設計の役割です。

データ設計が考慮されていると、必要な情報を素早く見つけ出せるようになります。この段階でしっかりと計画を立てないと、後で必要な情報が見つからなかったり、情報が異なる形式で散らばってしまったりして、後で形式を合わせる作業が必要になります。

ビジネスでは正しい意思決定のためには正確で迅速な情報へのアクセスが不可欠です。その基礎となるのが、優れたデータ設計です。初期段階で慎重にデータ設計しておくと、後々の手戻りを防止できるため、設

計作業に投資する価値があります。

データ設計する際には、データの利用のされ方や、データのセキュリティーも考慮します。また、設計は一度きりではなく、ビジネスの変化に合わせて更新することも重要です。効率的なデータ設計が、ビジネスのスピードと柔軟性を支える基礎となります。"

データの民主化

データの民主化とは、企業内の重要なデータを特定の専門家や部署だけではなく、すべての従業員が簡単にアクセスし利用できる状態にすることを指します。データ活用を進める上での重要な考え方です。

従来、データは特定の専門知識を持つ人に管理され、その活用ができるのも専門家に限られていました。データの民主化が実現すると、営業職から経営層まで、多くの人がデータに基づく迅速な判断ができるようになります。

例えば顧客データや売上高の実績データを用いて、営業部門がより適切な提案をしたり、マーケティング部門が効果の高いキャンペーンを策定したりが可能になります。データの民主化が進むことで、組織内の意思決定の質とスピードが上がり、データに基づく知識を共有しやすくします。その結果、ビジネスの成長やイノベーションの加速が期待できます。

データの民主化は、データ基盤やデジタルツール、トレーニングなどのサポートだけで実現できるものではありません。データを基にした意思決定をする習慣、事業を実行している現場に多くの意思決定を委ねる組織文化の醸成など、広範な活動が伴います。

データの整合性・一貫性

データの整合性・一貫性とは、データ間の関係性を指します。例えば顧客番号の値と形式が正しく、他のデータ基盤にある同じ顧客の顧客番号とも矛盾がない場合にデータの整合性があるといいます。データの一貫性とは、データ全体が同じ基準やルールに従っていることを意味します。

顧客のデータを考えた時に、すべての記録で一貫した書式を使用することが求められます。整合性や一貫性に問題があると、データの分析や利用が困難になり、分析結果の精度が落ちてしまいます。

データの整合性や一貫性が失われている場合、クレンジングという作業で正しいデータにします。「名寄せ」という作業で異なる表に登場する同一顧客を同じように扱えるように整えたり、「補完」で不足している情報を埋めたりします。

データパイプライン

データパイプラインとは、データを活用に適した状態にするための一連の流れのことです。

データパイプラインは様々な処理で構成されています。データの収集、一定の形式への整形、クレンジング、加工などです。データが加速度的に増加するとデータパイプラインが複雑になり管理に手間とコストがかかるようになりがちです。データパイプラインをいかに効率良く作成して管理できるかが、データ活用の効率に影響します。

データモデル

データモデルとは、データ基盤内で扱う情報（データ）の構造を整理し、定義したものです。別掲した「データ設計」の成果物の1つです。会社の組織図のように、何がどう関連しているのかを示す設計図のようなものです。

データモデルをつくることで、会社の扱う情報がどのようなものかを明確にし、関係者の間で共通認識を持てるようになります。データモデルには、抽象度を上げて概念レベルで記載する場合と、細部のデータ項目まで詳細に記載する場合があります。

概念レベルのデータモデルはビジネス人材やシステム企画の担当者間で利用され、詳細なデータモデルはシステムを開発・運用するエンジニアが主に利用します。データモデルの良しあしは、システムの使いやすさや効率、将来の拡張のしやすさにも影響します。

匿名化／匿名加工情報／マスキング

いずれも個人情報など機微な情報を安全に扱えるようにする手法です。データが流出しても問題ないようにする対策であり、代表的なのが匿名化（匿名加工）、マスキングです。

匿名化とは、個人情報から個人を特定できる情報を取り除くことで、データの中に人物を特定できる手がかりを残さないようにする処理です。例えば顧客リストから名前や住所を削除し、さらに個人を特定される属性情報の精度を落とします。例えば年齢を「20代」「30代」といった範囲で広げたり、住所を市町村レベルで分類するなどの方法があります。こうしてできた

データセットが匿名加工情報です。

マスキングとは、個人情報などを覆うようにして隠す処理を指します。クレジットカード番号や電話番号の一部を「****」のように伏せ字で隠したりするのが一般的な例です。これらの処理をすることで、個人のプライバシーを保護しつつも、データ分析などのビジネス活動に活用できるため、分析などで個人情報を活用する場合に欠かせない技術です。

ノーコード／ローコード

ノーコード／ローコードとは、専門的なプログラミング技術を持たない人でも、直感的な操作でアプリケーションをつくったり、データを処理できるようにしたりすることです。ノーコードは「全くコードを書かない」、ローコードは「わずかなコードで済む」という違いがあります。

一般のビジネスパーソンにもデータを活用する力が求められています。しかし、データを扱うには専門的なITの知識が必要と思われがちです。この文脈で登場するのがノーコード／ローコードというアプローチです。ノーコード／ローコードツールには、アプリケーション開発に使えるものや、データマネジメントに使えるものなど、多くの種類の製品やサービスがあります。

販売データ、顧客情報、在庫管理など、様々な情報を1つにまとめて分析する場合、通常はデータを連係、加工するための専門的なコードを書く必要があります。しかし、ノーコード／ローコードのETLツールを使用することで、コードを書くことなく、クリックやドラッグ・アンド・ドロップのような操作で、デー

タを必要な形に整えて分析可能な形式にできます。

データ活用では、ノーコード／ローコードツールが、専門的な IT スキルを持たないビジネスパーソンが独力でデータを活用して迅速な意思決定に役立たせる手段の 1 つになります。

標準化

標準化とは、物事を一定の基準やルールに合わせることです。書類のフォーマットや利用するサービス、設計内容を統一するのが標準化です。

データマネジメントでも標準化は重要です。データを扱うツールは種類が多く、それぞれ特徴があり、使いこなすには学習が必要です。複数のツールを使い分けると、学ぶべきことが増えてしまい、労力やコストが増大します。会社全体で使用するツールを少数に絞ることで、学びの手間を減らし、生産性を向上させることができます。

標準化されたツールは、新しいスタッフが加わった際の習得の効率化や、チーム間のデータ共有をスムーズにするなど、仕事の効率を改善します。さらに、品質やセキュリティーの管理が簡易になる点も標準化のメリットです。少数のツールに習熟することで、ミスによる品質の低下や知識不足での漏洩のリスクを減らすことにつながります。

一方、標準を厳密にしすぎると、多様な業務ニーズに柔軟に応えることが難しくなり、生産性を落とす結果になりかねません。標準化では、デメリットを抑えながら効果の上がる標準の策定を目指します。

ファインチューニング

ファインチューニングとは、汎用的に訓練された AI システムを、特定の目的に合わせてさらに最適化することです。

一般的に利用されている AI システムを、ある企業の特定のニーズやデータに合わせるには特別な訓練をする必要があります。ここにファインチューニングが登場します。このプロセスを通じて、AI システムはその企業の具体的な知識やデータを理解し、より正確で効果的に業務をこなせるようになります。

例えば一般的な画像認識 AI のシステムは犬や猫の識別は容易にこなすものの、特定の企業だけが持つ機械の部品の識別は困難です。この AI システムをファインチューニングすることで、機械の部品に関する新たな情報を学習し、効率良く部品を認識できるようになります。ファインチューニングはすでにある程度賢い AI システムを、企業の個々の利用要件に合うようにカスタマイズする手法の 1 つです。

プラットフォーム

プラットフォームとは、様々なコンピューティングリソースやサービスを動かすための土台のことです。

代表的なプラットフォームは、クラウド事業者が提供しています。Amazon Web Services（AWS、米アマゾン・ウェブ・サービスが提供）、Microsoft Azure（米マイクロソフトが提供）、Google Cloud（米グーグルが提供）、Oracle Cloud Infrastructure（OCI、米オラクルが提供）などです。企業は各社が持つ巨大なデータセンターのリソースを、利用したい分だけ借りること

ができます。多様な種類のサービスを使うことができ、幅広いシステム化のニーズに応えられます。

　企業がクラウドではなく、データセンターに自前のサーバーなどを設置して利用する形態を「オンプレミス」と呼びます。オンプレミスは、自社で機器を管理します。この場合、自分たちですべてをコントロールするため、カスタマイズ性に富みますが、初期投資やメンテナンスに多くの労力とコストがかかる傾向があります。

　データ活用では、迅速なデータ基盤の構築や柔軟なシステム変更が求められるため、多くの企業がクラウド事業者のサービスを利用しています。必要な時に必要なだけリソースを利用し、コストを抑えつつスピーディーにシステムを構築、運用できるためです。

　しかし、厳しいセキュリティーや特殊な要件がある場合は、オンプレミスを選ぶこともあります。どちらを選ぶかは、企業のニーズや戦略によって異なります。

プロビジョニング

　プロビジョニングとは、システムやサービスを使える状態にするまでの準備の過程のことです。準備するだけではなく、必要なコンピューティングリソースの量などが変わった場合に変動することも含みます。

　クラウドの場合、使う量に合わせてコンピューターの処理能力やストレージ容量を自動的に確保したり、解放したりできます。このプロセスを自動化することで、企業は迅速かつ柔軟にビジネス需要に応じたシステム環境を最適なコストで整えることが可能になり、

管理コストの削減や作業効率の向上につながります。

　データ活用の際、データ量や処理量の変化が大きくなりやすく、プロビジョニングの頻度が高くなる傾向があります。プロビジョニングによって、必要なシステムやサービスを過不足なく使えるように準備し、企業がスムーズに業務を進められるようにします。

分析基盤

　分析基盤とは、データを収集・保存し、それを分析するための仕組みやシステムを指します。

　今日のビジネスでは、様々な情報を集めて意味のある洞察を得ることが、競争力強化の鍵となります。例えば顧客の購買傾向を理解したり、製品の品質改善のヒントを得たりするために使います。分析基盤を活用すると、ビジネスパーソンは売上高の変化、市場の動向、顧客のフィードバックなど、多くの情報から重要な知見を得られます。

　分析基盤には通常、データを整理・蓄積して管理する「データウエアハウス」、実際にデータを分析してリポートを作成する「BIツール」などを含みます。これらがうまく連係することで、ビジネスパーソンは直感的な操作で重要なデータを見つけ出し、より良い意思決定が可能となります。

　分析基盤はビジネスの状況を可視化し、改善や成長のためのヒントを得るための支援ツールです。データを基にした意思決定に必要なシステムです。

ベンダーロックイン

ベンダーロックインとは、ひとたび特定の企業の製品やサービスを使用し始めると、技術的、経済的な理由により別の企業の製品やサービスへ簡単に移行できなくなる状況を指します。

ある企業が特定のベンダーのソフトウエアを使い始めたとします。担当者はそのソフトウエアに慣れ、日々の業務に欠かせないツールとなります。しかし、何らかの理由で他社の製品に変更したい場合、新しいソフトウエアへの担当者の学習コスト、データの移行や互換性の問題、ライセンスの買い替え費用など、様々な障壁が立ちはだかります。これらの障壁が高ければ高いほど、企業は現在利用している製品の開発元企業（ベンダー）に「ロックイン」されることになり、他へ移行が難しくなります。

この状況は、技術的な囲い込みだけでなく、契約条件や価格設定戦略によっても生じ得ます。クラウドサービスの利用が増える状況においても、サービス提供者が特有の機能やインターフェースを持っていた場合、利用者はそのサービスに依存し、別のサービスへの移行が困難になるケースがあります。

ベンダーロックインを避けるには、導入前に複数の供給元を検討し、将来的な移行のしやすさを考慮して選定することが重要です。オープンスタンダード（ベンダーによらず仕様が標準化されている）を採用しているシステムや、データを容易にエクスポート／インポートできるサービスを選ぶことがベンダーロックインを避ける対策となります。

マネージドサービス

マネージドサービスとは、インターネットを通じて提供されるパブリッククラウドの各種機能（サービス）のうち、その管理や運用もパブリッククラウドの事業者（クラウド事業者）が担うサービスのことです。

マネージドサービスでは、パブリッククラウドが提供している機能や環境の運用を気にする必要はなく、利用者は自分で作成したアプリケーションやデータのみを管理します。

クラウドサービスを円滑に利用し続けるには、セキュリティーの確保やシステムの安定稼働、トラブル時の対応など様々な管理作業が必要です。これらの専門的な作業を内部でするには、専門知識を持った人員やリソースが求められます。マネージドサービスを利用すれば、これらの運用管理をクラウド事業者が代わりに行ってくれます。

企業は本業に専念しながら、最新のIT環境を活用できます。システムの改善やデータ活用により多くの時間を割けるようになり、間接的にビジネスの成長や競争力にプラスに働きます。作業の手間を省けるだけでなく、リスク管理もプロに委ねられるメリットもあります。

マネージドサービス自体の安全性、有効性を評価するには、クラウド事業者が保有するセキュリティー認証を参考にしたり、自社で検証したりします。

リファクタリング

　リファクタリングとは、ソフトウエアやシステムの内部構造を整理・改善する作業のことです。

　この作業が必要な理由は、プログラムのコード（ソフトウエアを構成するルールや命令の書かれたテキスト）を理解しやすくし、将来の変更や機能追加をしやすくするためです。コードは成する担当者によって分かりやすさにバラつきがあり、時間と共に複雑になる傾向があります。それを分かりやすくすっきりとしたコードに修正します。

　あくまでも分かりやすく書き直すものであり、機能には直接影響しません。内部が整理されることで、不具合が生まれにくくなったり、新しい機能が追加しやすくなったりするので、長い目で見るとメンテナンスコストを下げて変更のスピードを上げる重要な作業です。DX に関わるソフトウエアは変更の頻度が高くなる傾向があり、リファクタリングの重要性が高くなります。

リレーション

　リレーションとは、データベースの中で情報（データ）間の関係性を整理して定義づけることを意味します。

　リレーションの概念は、複雑なデータの関連を明瞭かつ効率的に管理するために重要です。ビジネスにおいては、顧客情報、注文履歴、商品情報など様々なデータをリレーションを通じて結合し、必要な情報を迅速に抽出したり、分析したりするために利用します。リレーションを使用することで、情報の重複を避けることができ、データの整合性を保ちやすくなります。

　これにより、データベース内の情報が常に正確で最新の状態を維持できるため、ビジネスにおける意思決定の品質を向上できます。データエンジニアリングにおいてリレーションは基本的かつ中核をなす概念であり、データを実用的に扱う際に欠かせない存在です。

おわりに

　クラウドがイノベーションの発生源となって久しく、その流れは加速しています。データ活用のアジリティーを上げるためにクラウドの有用性は高まるばかりです。

　このメリットを生かすべく、今後一般的に利用されると考えられるクラウドの活用方式、サービスを取り上げながらデータマネジメント業務を解説した点が本書の特徴です。クラウドは既存のサービスであっても継続的に改善されていきます。改善点をデータマネジメント業務にも継続的に取り入れて絶えず最適化を続けることがクラウドでの業務運用のスタイルです。そのための組織や運用についても紙面に収めるようにしました。本書が、データマネジメント業務をより良く実行する参考になりましたら幸いです。

　クラウドでは新たなサービスが次々と生まれています。筆者はこのような大きな変化が起こっている領域に関わることができているのは、とても幸運なことだと思っています。現在は特にSaaS（ソフトウエア・アズ・ア・サービス）、AI（人工知能）でデータマネジメントにインパクトを与える多くのイノベーションが起こりつつあり、今後一般企業にも広がっていくと考えています。

　個別のイノベーティブなクラウドサービスに焦点を当てた技術説明や設計方法については別の機会で発信していきます。またデータ活用での業務変革という切り口でも情報発信していきますので、ご興味がありましたら読んでいただけますとうれしく思います。

　本書は日経クロステック、日経コンピュータの連載記事を、書籍向けに再編集したものです。これまで一緒に仕事をさせていただいた方や、関わったシステムから多くのヒントをもらったことで、書き上げることができました。良い経験をさせていただいたビジネスパートナーの皆さんに感謝します。日経クロステック／日経コンピュータ編集部、編集を担当した大谷晃司氏には深く感謝します。毎回分かりやすい文章に編集していただいたおかげで、書籍としてまとめられました。

　最後に、長い執筆を続けることができたのは、家族の理解と協力があったからです。いつも支えてくれている妻の直子に感謝します。

2024 年 1 月 20 日　株式会社 D.Force　代表取締役社長　川上 明久

著者略歴

川上 明久 （かわかみ・あきひさ）

D.Force 代表取締役社長

データマネジメント業務の内製化、データベース全般のコンサルティングに多数の実績・経験を持つ。データベースのクラウド移行・コスト削減、データマネジメント組織構築などのテーマでの著書やIT系メディア記事の執筆・連載、セミナー・講演も多数手がける。

実践
データマネジメント

［AI／BIの活用レベルを上げる 新しい基盤・組織・運用］

2024年2月19日　第1版第1刷発行

著　　者	川上 明久
発 行 者	森重 和春
発　　行	株式会社日経BP
発　　売	株式会社日経BP マーケティング
	〒 105-8308 東京都港区虎ノ門 4-3-12
装　　丁	葉波 高人 （ハナデザイン）
制　　作	ハナデザイン
編　　集	大谷 晃司
印刷・製本	図書印刷

● 本書に関するお問い合わせ、ご連絡は下記にて承ります。
https://nkbp.jp/booksQA